Céline Chadelat
Marie Mahé-Poulin

Le Mois d'Or

Préface de Bernadette de Gasquet

MARABOUT

Sites Internet

www.lemoisdor.com
https://mariemahepoulin.com
www.mamanmedite.com

Rejoignez les auteures sur les réseaux sociaux :

Facebook : Le Mois d'Or
Instagram : @le_mois_dor

À nos mères, nos enfants
et nos bonnes étoiles

Sommaire

III
BIEN VIVRE LA NAISSANCE

IV
LES PREMIÈRES HEURES : LE TEMPS DE LA RENCONTRE

V
NOTRE CORPS DE FEMME APRÈS L'ACCOUCHEMENT

VI
QUE VIT VOTRE BÉBÉ PENDANT LE MOIS D'OR ?

VII
TRAVERSER LES DIFFICULTÉS

VIII
L'INCROYABLE POTENTIEL DU MOIS D'OR

IX
LE MOIS D'OR, ET APRÈS ?

X
L'IMPORTANCE DU CONJOINT ET DES BONNES ÉTOILES

XI
LES QUARANTE JOURS DU MOIS D'OR SELON CERTAINES CULTURES

XII
MIND MAPS ILLUSTRÉES

XIII
ASTUCES CUISINE ET RECETTES RÉCONFORTANTES POUR LE MOIS D'OR

ANNEXES

Préface

Je suis très heureuse de préfacer ce livre qui traite d'un sujet tellement négligé dans le monde et la médecine moderne : les suites de couches immédiates et précoces. Cette période inaugure en effet une nouvelle vie pour la maman, surtout à la naissance de son premier enfant.

Dans la tradition chinoise, le Mois d'Or couvre la période des premières semaines après la naissance : elles y sont valorisées socialement et reconnues comme particulières tant sur le plan physique, que psychique ou énergétique. C'est un temps de bouleversements et de découverte réciproque qui engage l'avenir de la mère, de l'enfant et du couple. Pour le respecter, les Chinois fortunés vont jusqu'à offrir à la jeune mère un séjour de plusieurs semaines dans un établissement luxueux spécialisé dans ce type de soins. Tout est fait pour favoriser une belle rencontre entre la mère et l'enfant.

Ce livre propose de retrouver un regard intelligent et bienveillant sur cette période. Les auteures proposent les moyens de constituer une bulle bienveillante autour de la jeune mère en tenant compte de notre contexte actuel. Il suffit de le vouloir, de le prévoir et de s'organiser dès les derniers mois de la grossesse. Un regard anthropologique permet de voir à quel point il s'agit de pratiques universelles. Sur le plan hormonal, les suites de couches correspondent aux six premières semaines suivant la naissance de l'enfant. Après quoi il y a le « retour de couches » dont l'étymologie emprunte à l'accouchement et qui met bien l'accent sur l'aspect « couché », en attendant les « relevailles ». Or, l'obstétrique moderne néglige cette période ou ne la valorise pas. Il y a un grand blanc entre la naissance et la rééducation périnéale, justement six semaines plus tard. Quand celle-ci est proposée, ce qui aujourd'hui est remis en cause en France.

Pour ma part, je crois que c'est dans ces six semaines que se joue l'avenir gynécologique de la mère, le bon démarrage de la relation avec l'enfant, et beaucoup de choses de la vie du couple. C'est un bon sens que toutes les cultures traditionnelles partagent. Le propos de ce livre est d'alerter, de prévenir et de donner des moyens au jeune couple afin qu'il ne rate pas cette marche essentielle, la première de la vie avec leur enfant.

Quand j'ai commencé à en parler, ce bon sens universel ne recueillait que silence et indifférence. Mais désormais, il va peut-être finir par s'imposer. Malgré la médicalisation de la naissance, et même de la fécondité, on sent une prise de conscience de l'importance de cette période. Ce livre est révélateur d'une époque qui évolue vers plus de justesse et de prise en compte de la femme dans cette période de transformation profonde.

Le Mois d'Or est aussi un livre différent. En librairie, on trouve de très nombreux ouvrages portant sur la grossesse et l'accueil du nourrisson : allaitement, puériculture, stimulation, etc. Et des livres sur la musculation du périnée ou du ventre. Mais tous ignorent cette période. Personne n'évoque cet état transitoire et inconnu pour la mère, la métamorphose qui se joue entre la femme qu'elle était et celle qu'elle sera au terme de ces premières semaines. Ce temps de latence et de transformation physique, psychique et sociale est occulté dans notre société, alors qu'il est tellement préservé dans les cultures traditionnelles. Le yoga est essentiellement masculin et ne mentionne rien ni sur la grossesse ni sur les suites de couches. J'ai donc élaboré un yoga prénatal et postnatal pour expliquer comment passer de « bébé dans le ventre » à « bébé dans les bras ou au sein » et donner quelques repères sur ce chemin mal balisé. J'insiste beaucoup dans mes formations pour les sages-femmes, kinésithérapeutes ou ostéopathes, sur cette période immédiate si fondamentale pour retrouver un équilibre, tant physique que mental. Pour que les femmes soient bien accompagnées, il est nécessaire que les professionnels soient sensibilisés à ces savoirs spécifiques. Or rien n'existe à ce sujet dans la formation médicale. La jeune mère a peu de recours : l'obstétricien n'a pas de raison de la revoir, le pédiatre s'occupe de l'enfant, et il n'y a pas de praticien spécifique que la mère pourrait consulter.

La pensée dominante est : si bébé va bien, tout va bien ! Même si maman pleure et assume mal sa solitude, si elle a la sensation d'être abandonnée, sans intérêt… Rien n'est prévu pour elle. Tout est occulté par l'enfant ; la mère se doit d'être heureuse et parfaite, comme mère mais aussi comme femme.

Dans mon congrès sur le maternage (soit les soins à la mère et les soins à l'enfant), j'ai réuni les savoirs ancestraux du Maghreb, du Japon, d'Israël, de Nouvelle-Guinée, d'Inde, de Bolivie… et même ceux des Inuits ! Quelle joie de découvrir les mêmes pratiques, les mêmes conceptions malgré les différences climatiques, religieuses et culturelles ! Un bébé reste un bébé, une maman, une maman. Avec les mêmes besoins fondamentaux, essentiels à la survie et au développement harmonieux d'une famille.

Dans les cours « mamans bébé », ce besoin d'être soutenue, guidée et valorisée en tant que mère, et pas seulement en tant que femme active, sportive et partenaire sexuelle, est tellement récurrent qu'il se doit d'être entendu et même anticipé.

La solitude, la surinformation pleine de contradictions, le challenge permanent pour être super woman et super « womam » empêchent beaucoup de femmes et de couples de profiter de ce temps si court, unique et décisif.

Ce livre insiste sur l'importance d'être dans son cocon pendant ce premier mois, de privilégier le calme, l'intimité et le repos. Cela peut être mal interprété, notamment par un entourage qui ne se reconnaît pas dans cette attitude ou par une injonction féministe mal comprise. Donner ce temps à la fonction maternelle n'est pas retourner à une condition inférieure. C'est au contraire vivre pleinement cette chance biologique de pouvoir donner la vie sans la perdre, ni réellement ni socialement. C'est donner tout son sens à la féminité, valoriser et respecter ce pouvoir naturel qu'on a souvent voulu occulter et nous retirer.

Aider la construction de ce nouvel équilibre ne peut que renforcer et sécuriser la femme et lui permettre une évolution harmonieuse entre couple, parentalité et travail.

À l'époque des congés payés bien mérités, des circuits touristiques, des parcours « bien-être » divers pour lutter contre le *burn-out*, un mois pour se structurer et changer de vie n'est pas un luxe. C'est une nécessité que ce livre nous permet de mieux comprendre.

L'enjeu est d'importance. Car cette opportunité ne se représentera pas. S'il est normal d'être protégée pendant la grossesse, trouver autour de soi les ressources pour prolonger l'état de grâce est souvent difficile. S'offrir un mois d'adaptation et de concentration sur l'essentiel est un désir plus que légitime. Il devrait être encouragé. C'est un bienfait qui ne peut que rejaillir sur toute la famille, y compris les aînés. La société doit reconnaître et valoriser cette phase essentielle. Ce n'est pas encore dans les mœurs, mais c'est possible, si on s'y prépare et si on cherche des solutions compatibles avec le monde actuel. Ce guide propose une réflexion qui peut permettre à chaque couple de vivre intensément ce Mois d'Or avec son enfant. Pour celui-ci, la sécurité fondamentale dont il a grand besoin est très liée à la manière dont ses premières semaines sont vécues.

Ce livre est salutaire ! Il permettra à toutes les mamans de s'autoriser à vivre ce bonheur. Il devrait aussi sensibiliser l'entourage à respecter le trio mère-père-enfant afin de ne pas perturber son équilibre en construction.

Par ses références anthropologiques, énergétiques et spirituelles, ainsi que ses solutions pratiques et organisationnelles, cet ouvrage aidera toute mère désireuse de vivre harmonieusement cette période et lui offrira des outils pour traverser les moments de doute et de découragement. Inévitables, ceux-ci sont bénéfiques si l'on en ressort plus forte et plus sereine !

Et quand le bonheur entoure l'enfant, il rayonne sur tous ceux qui le croisent. C'est l'humanité tout entière qui en bénéficie. Les contes de fées se terminent toujours par « ils furent heureux et ils eurent beaucoup d'enfants ! » Mais le bonheur commence dès le premier et n'est pas proportionnel au nombre.

Je vous souhaite de mieux l'apprécier grâce à ce livre.

Bernadette de Gasquet

Introduction

Le Mois d'Or est la promesse d'une expérience peu ordinaire, une fenêtre qui s'ouvre grand sur un autre ciel. Mais aujourd'hui, le constat ne fait pas rêver: entre nos représentations sur la vie à trois et le témoignage de nombreuses femmes, l'écart est grand.

C'est d'abord ce que traversent les jeunes mamans qui a inspiré cet ouvrage. Les jours après l'accouchement ont été oubliés. Combien de jeunes mères se retrouvent seules tout juste deux semaines après? Combien abandonnent l'allaitement faute de conseil et de soutien? Combien auront mal vécu les pratiques des équipes médicales? Combien encore seront désemparées et démunies face aux pleurs de leur nouveau-né? Et combien d'entre elles garderont un souvenir amer d'une période qui aurait pu être l'une des plus belles de toute leur vie?

Ce livre est donc un exercice de sincérité. Lever les tabous, oser nommer les maux du post-partum, dire les difficultés et les beautés de cette nouvelle vie, ses défis et ses paradoxes. Cette période est belle, tellement vivante qu'elle nous rend provisoirement un peu «fous». Les repères se dissolvent, on ne sait plus vraiment où on habite! Nous-mêmes avons expérimenté le Mois d'Or et pouvons témoigner combien ce temps à part fut ressourçant. Touchées par cette expérience, nous avons souhaité que toutes les femmes puissent la vivre.

Dans un monde de spécialistes, notre travail a été de relier. Relier l'ancien au moderne, relier les parties du corps entre elles, relier les jeunes parents, relier la jeune mère à son bébé, relier nos cycles humains à ceux de la nature. Établir des liens encore, entre des pratiques ancestrales et les connaissances scientifiques, en particulier les neurosciences.

Les neurosciences éclairent nos modes de fonctionnement, valident certaines intuitions. Ainsi, on apprend que ce n'est pas juste le corps de la femme qui est bousculé à la suite de l'accouchement mais aussi ses connexions cérébrales, en pleine restructuration.

Aujourd'hui, Internet est un formidable vivier d'informations. Mais il manque à ce flot un sens, une direction de pensée pour appréhender l'ampleur du changement qui s'opère durant les jours après la naissance.

De l'ensemble de ces connaissances que nous avons réunies, découle un mouvement, un processus d'une grande cohérence, en affinité avec les cycles de la nature. Éloge est fait à la lenteur, à la douceur et au moment présent. Ce livre offre des outils pratiques mais aussi distance et recul pour ouvrir les horizons. Se permettre de regarder loin, n'est-ce pas gagner en confiance ? S'approprier ce qui vient, se projeter pour trouver de la sécurité et être mieux dans sa vie, avec son bébé et avec ses proches, c'est l'invitation de ce livre.

Il faudra investiguer celle ou celui que vous êtes au-delà des apparences. Chaque personne est unique. Le Mois d'Or participe à cette grande aventure humaine, ses obstacles sont des opportunités de croissance et de transformation.

Commencez la lecture avant votre accouchement. Utile à n'importe quel moment au cours de la période postnatale, vous gagnerez à anticiper votre préparation en amont du Mois d'Or. C'est d'ailleurs une des clés pour le vivre avec sérénité. Des connaissances vous sont livrées pour la naissance et les premières heures. C'est à ce moment que le Mois d'Or commence !

Si le temps vous manquait pour lire cet ouvrage en entier, concentrez-vous en priorité sur les parties II, III et IV, ainsi que sur le chapitre sur le périnée que vous trouverez en partie V, et faites lire à votre conjoint et à vos proches la partie X. Nous vous conseillons également d'y revenir régulièrement durant votre Mois d'Or.

Enfin, nous souhaitons vous inviter sur notre site consacré au Mois d'Or, pour prolonger les différents sujets abordés dans le livre et faciliter l'application des outils proposés (podcasts et vidéos).

I

Devenir mère, une transformation

Les sagesses enseignent qu'une existence accomplie se compose d'autant d'épreuves que de joies. Et qu'une épreuve n'est jamais vaine. Pour celui qui la traverse, elle révèle un joyau, un don, un enseignement imprimé en soi comme une révélation. Après le vécu de l'accouchement, la vie donne naissance à un nouvel être via le corps des femmes. De chair et d'os, le bébé est le miracle posé entre les mains des toutes jeunes mères depuis des millénaires. Pendant quelques heures, le monde s'est arrêté de tourner.

Vingt-quatre heures après l'arrivée du bébé, les parents et en particulier la mère sont submergés, tant le bouleversement physiologique et psychique est intense. La période qui s'ouvre alors est unique, spéciale, hors norme, éloignée des repères sociaux et du cadre spatio-temporel ordinaire. Les jours et les nuits ne seront plus jamais les mêmes. Une immense transformation s'opère, gagnant jusqu'à la moindre de nos cellules.

1

Le Mois d'Or : une période délicate et oubliée

La vie avec un nouveau-né, son organisation et ses enjeux sont idéalisés ou ignorés. Alors que mille précautions entourent la femme avant son accouchement, la période suivante demeure la grande oubliée. Comme si après la naissance, le plus difficile était accompli, inaugurant une vie de béatitudes et de réjouissances autour d'un bébé heureux et de parents comblés à tout jamais.

Les bouleversements corporels et psychiques des parents, en particulier des mères, reste un sujet confidentiel, connu de certaines traditions ou de cercles restreints. Cette dimension est occultée par nos sociétés modernes.

Bien sûr, pour les photos destinées à la famille et aux amis, c'est l'euphorie. Mais ce moment de grâce est-il vraiment éternel ? Pas tout à fait. N'en déplaise aux clichés, la naissance ne peut se réduire à cette émotion. En réalité, de nombreuses mamans témoignent combien le mois suivant la naissance peut se révéler inconfortable. Ces difficultés, sujet de déni général, sont d'autant plus vives que la conception ou la grossesse ont été médicalisées. Les jeunes parents ne sont pas incités à se faire confiance.

Dans notre société individualiste, cette période vire au tournant périlleux. D'abord parce que le soutien, la présence ne sont pas toujours au rendez-vous. Le conjoint reprend rapidement son activité, les familles sont loin, les grands-parents âgés ou les parents ne sont pas encore à la retraite. Bref, on n'ose pas demander, tout le monde est débordé ! Alors que les jeunes parents et la mère en particulier ont tant *besoin* d'aide.

Certains faits alertent. Connaissez-vous la principale cause de difficultés des femmes de retour chez elles après l'accouchement ? Les études montrent que les risques ne sont pas d'ordre clinique mais psychique : l'isolement est la principale cause de difficultés. Voici quelques chiffres : 50 à 80 % des femmes sont affectées par le baby blues et une femme sur cinq développe une dépression majeure du post-partum à la suite d'un baby blues. En parallèle, 20 à 25 % des couples se séparent la première année après la naissance de leur enfant*. Le baby-clash, une irruption de tensions et de conflits, toucherait lui deux couples sur trois**. Après la naissance du bébé, le couple peut tanguer. Mais pour éviter le naufrage, il est possible d'anticiper.

Si ce tableau n'est pas très gai, lever les tabous et les incompréhensions est nécessaire d'abord à des fins préventives, puis pour transformer et optimiser cette période. Le sujet est encore passé sous silence, éclipsé par des représentations voulant que la vie après l'accouchement ne soit qu'une suite de ravissements. Peut-être aussi parce que, dans notre société, ce

* Selon Bernard Geberowicz, psychiatre et auteur de *Baby-clash, le couple à l'épreuve de l'enfant*, Albin Michel, 2005.

** D'après une étude réalisée par le site Wemoms.

que vivent les femmes n'est pas un sujet. Les cicatrices pudiquement dissimulées sous les vêtements comme l'épisiotomie ou la césarienne sont-elles l'objet de soins et d'attentions comme pour une blessure apparente ? Pas vraiment. Cicatrices méconnues de la culture à dominante masculine, ça ne se voit pas, on n'en parle pas. Les moyens et les soutiens ne sont donc pas déployés en conséquence. Or, pour des raisons biologiquement prouvées, la jeune mère est sensible durant cette période. Enfin, les plaintes de femmes épuisées, débordées, sont facilement mises sur le dos du baby blues passager.

L'objet de ce livre est de montrer que vivre ce mois post-accouchement comme un trésor est possible ! Dans cette parenthèse sacrée se joue la capacité à se faire confiance, à prendre ses responsabilités en tant que parent, à aimer et à s'aimer. Comme le vivent des millions de femmes à travers le monde, ce mois peut même être merveilleux.

Le Mois d'Or : un savoir connu dans de nombreuses traditions

Six semaines ou quarante jours, c'est le temps de cette période délicate. Le nombre quarante représente la transition, l'ouverture sur un nouveau chapitre. Certains récits bibliques s'articulent autour de ce nombre, qui illustre le passage de l'ancien vers le nouveau. Il faudrait quarante jours à l'esprit humain pour accepter un changement total de vie. Dans le cadre postnatal, c'est le temps nécessaire pour retrouver des fonctions physiologiques en bonne santé.

En Inde, au Gabon, au Mexique ou en Chine, ainsi que dans des écoles de yoga comme le Kundalini, on accorde une grande importance à cette période. Et ces traditions livrent des connaissances très inspirantes sur la façon d'aménager ces quarante jours.

Quarante jours d'affection, de respect, de chaleur, de compréhension. Les efforts sont consacrés au rétablissement de la jeune maman. Elle est entourée, choyée et aimée, tout sauf négligée. Le bébé baigne encore dans son énergie, elle doit pouvoir se sentir apaisée et heureuse. Une attention bienveillante apaise et comble son cœur autant que celui de son bébé.

Une période clé pour la santé des femmes selon la médecine chinoise

Cette période est aussi belle qu'exceptionnelle, elle est, en Chine, désignée comme le « Mois d'Or ». En médecine chinoise, cette période dure entre vingt-huit et quarante jours. Elle signe un moment de renouveau. Avec un sens pragmatique certain, les familles chinoises, même les plus démunies, choisissent d'embaucher une aide à domicile pour soutenir la jeune maman. En effet, elles considèrent cet investissement financier après l'accouchement comme un acte préventif. D'après cette médecine, les maux contractés lors de cette période, comme un simple rhume, sont susceptibles d'engendrer des fragilités qui endommageraient la santé de la jeune mère pour toute sa vie et de ressurgir lors de sa vieillesse.

L'effort de la naissance entraîne une perte de l'énergie musculaire. Le muscle est considéré comme une énergie de type *yang*. Le manque de *yang* invite l'élément le plus redouté en médecine chinoise, le froid ! Une baisse d'énergie *yang* affaiblit le Wei Chi, l'énergie de défense du corps. Celui-ci possède donc moins de ressources pour se défendre, d'où l'importance de se protéger, en particulier du froid. Pendant cette période d'ouverture du corps, le froid pénètre plus profondément à l'intérieur de celui-ci. Il faut éviter les rhumes et les grippes, même bénins. En médecine chinoise, le Mois d'Or, ainsi consacré à restaurer l'énergie de la femme, est sous-tendu par l'idée que l'énergie maintenant recouvrée l'aidera à assurer sa santé dans les années à venir.

Plus l'accouchement a été épuisant, plus il est intéressant de prolonger le Mois d'Or. La médecine chinoise précise que les soins et le repos accordés s'appliquent aussi après une fausse couche ou un avortement. C'est simple : le sang est une énergie. Ce qui engendre une perte sanguine fait l'objet d'attention et de soins. La mère perd du sang pendant l'effort de l'accouchement, donc de l'énergie. Puis les pertes de sang se prolongent jusqu'à quatre semaines après. Si elles s'éternisent au-delà, cela signifie que l'organisme manque d'énergie pour cicatriser et refermer les vaisseaux sanguins. C'est un signe de fatigue à prendre en compte.

De plus, le Mois d'Or permet d'instaurer le lien mère-enfant ainsi que de tisser les liens dans l'ensemble du réseau familial.

La médecine chinoise regorge de conseils pratiques pour bien vivre cette période : boire chaud, éviter les contrariétés, prendre des repas en petites portions mais plus nombreux, consommer certaines herbes.

Quarante jours, le temps de la transition

Six semaines pour prendre soin de soi, se retrouver et intérioriser ce changement. Une vie bouleversée appelle des jours d'exception. Le quotidien n'est plus le même, il faut d'abord réorganiser l'intime, créer de nouveaux repères, dessiner d'autres frontières, soutenir et restaurer le corps fragilisé.

Le travail domestique et la préparation des repas sont à la périphérie de cette transformation, dont la jeune mère habite le cœur. D'autres veillent sur elle et son bébé, se préoccupent de son alimentation, la délestent, ainsi que son conjoint, des tâches ménagères. Qu'elle prenne le temps de se régénérer, par exemple en gardant son enfant contre elle-même, est très réparateur.

Dans ce méli-mélo de découvertes, où tout semble à l'état d'ébauche et d'apprentissage, des émotions parfois contradictoires s'enchevêtrent et renforcent l'importance de s'envelopper d'amour.

Récupérer de l'énergie joue en faveur de l'épanouissement de la jeune maman. Le bébé réclame une attention constante et puise dans ses ressources. L'allaitement est très énergivore. Après une légère chute de sa courbe, le nourrisson doit prendre du poids pour grandir. Que la jeune maman soit nourrie, reposée et détendue pour subvenir à ses besoins, et aux siens, est essentiel. Ce qui est bénéfique pour la mère l'est aussi pour le nouveau-né.

Comment réenchanter ces quarante jours ? Comment profiter de ce cadeau si précieux ? Comment entamer cette nouvelle période de l'existence avec confiance et énergie ? Ces traditions nous enseignent à transformer ce moment en une expérience de bien-être et d'amour véritable. Ce livre rend compatibles ces connaissances avec nos vies modernes.

2

Dépasser les clichés sur l'après-naissance

Les images de célébrités en pleine forme quelques heures après leur accouchement n'aident pas à dissiper le malaise et la culpabilité des femmes au sujet de cette période. Dans une culture marquée par la représentation quasi permanente, fermer les rideaux et s'octroyer du temps pour soi n'est pas simple.

De nombreux *a priori* sur le post-partum brouillent également notre perception de la réalité. Voici trois clichés sur la période postnatale à défaire pour vivre cette période dans la paix.

L'idéal du bonheur absolu

La naissance d'un enfant suffit-elle à combler à jamais la vie d'une femme ? Non, mais la plupart d'entre nous font comme si. L'image d'une maternité épanouie est populaire, aux dépens des difficultés inhérentes à cette période. Cette représentation sublimée reste encore très ancrée dans l'imaginaire collectif, ce qui cause un conflit intérieur pour beaucoup.

Que nous apprennent les études scientifiques sur la manière dont les femmes vivent ces premiers moments ? Le sentiment d'accomplissement est-il prouvé ?

« Les mères vivent la naissance comme une succession d'événements stressants* » révèle une étude. Ce mythe du bonheur absolu crée une contradiction qui dessert les jeunes parents.

Après la naissance et l'euphorie, c'est la confrontation abrupte au réel. La cristallisation de l'attente, l'idéalisation de la vie avec son bébé, exaltée par les hormones de la grossesse se heurtent à cette sensation de « vide » ressentie par les jeunes mères après l'accouchement.

Le mythe de la mère parfaite

La maternité n'est pas un costume à revêtir en l'espace d'un instant. Elle s'expérimente en douceur et, peu à peu, s'habite. Le mois après l'accouchement est alors un moment privilégié pour découvrir son bébé.

Parfois, c'est immédiat. Comme une louve avec son petit, certaines ressentent un sentiment d'attachement puissant, primaire. Elles acquièrent les gestes avec une spontanéité instinctive. Pour d'autres, l'interprétation des pleurs vient de façon progressive. Les bons gestes au bon moment pour son bébé, ce n'est pas toujours inné, et ils s'acquièrent avec le temps.

---

* Chantal Razurel, Huguette Desmet et Catherine Sellenet, « Stress, soutien social et stratégies de coping : quelle influence sur le sentiment de compétence parental des mères primipares », *Cairn*, 2011.

D'autant que mois après mois, ses besoins évoluent. Ce qui était adapté hier ne l'est plus quelques mois plus tard! Changer une couche, donner le sein ou le biberon, essayer de l'endormir, distinguer les douleurs des coliques du doublement des gencives constitue un répertoire de solutions auquel nous ne sommes pas familières. Après l'effort de l'accouchement et face à ces nouvelles responsabilités, la jeune mère est perméable aux doutes et aux tensions, plus sensible et facilement irritable. Les pleurs du bébé peuvent être difficiles à supporter quand on ne trouve pas la solution pour les calmer.

Dans tous les cas, n'attendez ni une méthode préplaquée ni un mode d'emploi à appliquer, car c'est vous et vous seule qui trouverez l'attitude, les mots et les gestes justes dans chaque situation. Il vous faudra du temps, de l'expérience et beaucoup d'indulgence envers vous-même.

Il n'y a pas à tergiverser: les mères pressentent leur importance pour l'épanouissement de leur bébé. Mais souvent, cette conscience est teintée d'anxiété comme l'a révélé une étude scientifique: «Nos résultats confirment l'existence d'une anxiété propre à la maternité et ce, dans des proportions importantes [...]. Cette anxiété spécifique à la grossesse et à la maternité s'analyse à la lumière de l'angoisse de performance et du mythe de la mère parfaite et idéale*.» Grâce à la bienveillance, au temps, à la présence et à la confiance, s'écouter devient aisé tout comme distinguer les besoins de son bébé...

* Emmanuelle Robert, Hélène David, Nicole Reeves *et al.*, «Adaptation à la maternité: évolution discontinue de l'anxiété en pré- et en post-partum et valeur prédictive des différents types d'anxiété», *Devenir*, 2008/2 (vol. 20), p. 151-171. DOI: 10.3917/dev.082.0151. URL: www.cairn.info/revue-devenir-2008-2.htm-page-151.htm

« Mon fils Maxence était né depuis à peine deux jours. À la maternité, cette nuit-là, j'étais seule, allongée sur mon lit, quasiment nue, en essayant de me reposer mais toujours en alerte au moindre son qui sortait de sa bouche. Soudain, il s'est mis à hurler. Aussitôt, je me suis levée et j'ai tenté de mettre un t-shirt tandis que ses cris redoublaient. Mon t-shirt enfilé, donc encore à moitié nue, je me suis précipitée vers lui pour le prendre dans mes bras. Je tente alors de le calmer quand je réalise que c'est la couche qui a besoin d'être changée. Mais zut, je m'aperçois que je n'ai pas mes lunettes, je commence à être un peu perdue. Je l'allonge quand même sur la table à langer que je distingue à tâtons, lui ôte la couche, mais mes lunettes me manquent vraiment, je peine à réunir le matériel de change. Je prends alors Maxence dans mes bras pour partir à la recherche de ma paire de lunettes. Finalement, Maxence, le zizi à l'air, me fait pipi dessus. Il est une heure du matin, je me sens très très seule... » (Camille).

La superwoman toujours efficace

Comme si le corps n'avait pas fourni un effort physique équivalent à un marathon, il faudrait que nous soyons actives au lendemain de l'accouchement. Une course de plus de quarante kilomètres se prépare longtemps en amont. De même, le corps et le cerveau se sont préparés pendant neuf mois à dépenser une énergie colossale lors de la phase de l'accouchement. Que fait-on après un effort très important ? On s'accorde plusieurs jours de répit. Bien sûr, s'arrêter après la naissance bat en brèche l'idéal de la femme forte en activité permanente.

Nous vivons dans une société où la valeur de chacun est estimée à sa capacité à agir et à produire. L'idéal de la superwoman, dans l'inconscient des femmes, est très présent. Il faut dire que l'autonomie est la condition de notre liberté.

Nous avons donc quelques raisons de la chérir. Mais c'est aussi une pression énorme sur nos épaules, car il nous faut assumer et réussir sur tous les tableaux : vie professionnelle, amoureuse, familiale et personnelle*. C'est ainsi que naît ce sentiment de décalage si inconfortable partagé par de nombreuses femmes. Dans le contexte du post-accouchement, cette volonté d'autonomie peut devenir une faiblesse : omettre la réalité corporelle est pénalisant sur le long terme. Ajouter de l'effort après l'effort est risqué : les tissus sont étirés, les organes déplacés. Cette période devrait donc être consacrée à se recentrer et à recouvrer ses ressources physiques et intérieures.

Reprendre ses activités comme si rien ne s'était passé n'est pas possible. À la suite d'un accouchement comme après un exploit sportif, vient la phase de repos, aussi capitale que l'effort qui la précède. Les six premières semaines sont déterminantes pour la santé des prochaines années. Les femmes ont besoin de soutien, de calme, de douceur pour se régénérer tout en répondant aux exigences du nouveau-né. Et c'est encore loin d'être le cas.

Le temps du Mois d'Or invite non pas à faire, mais à être. Appréciez et honorez ce nouveau rythme, ce repos qui vous revient de plein droit.

En résumé, nous vous proposons de substituer l'idéal du bonheur maternel parfait par une bonne dose d'indulgence et de gentillesse envers vous-même. Ce que vous accomplissez, en ce moment, quelle que soit votre situation, est formidable.

---

* Bernadette de Gasquet, *Féminité, maternité, comment les femmes sont manipulées*, Albin Michel, 2019.

Ensuite, laissez sur le pas de la porte le modèle de l'instinct maternel spontané.

Enfin, jetez aux oubliettes, au moins pour un temps, le modèle de superwoman. Honorez ce que vous avez accompli à travers la grossesse et l'accouchement, en remplissant votre réservoir d'énergie. C'est ainsi que plus tard, vous réintégrerez sans difficulté vos activités professionnelles et personnelles. Il n'y a pas à discuter : vous pourrez être fière.

3

S'accorder une parenthèse, un enjeu pour les mères et les couples

Le phénomène de la chute hormonale est-il devenu une étiquette fourre-tout et un brin réductrice sur ce que vivent les femmes ? Si le baby blues se caractérise par sa nature brève, en général quelques jours, la dépression majeure post-partum s'inscrit dans le temps.

Quel message derrière le baby blues ?

Quelques jours après l'accouchement, la chute hormonale provoque un bouleversement émotionnel.

Cette faiblesse hormonale est aussi chargée de sens : « Il s'agit d'une réaction au stress de la naissance et de l'effet de l'inondation de prolactine, l'hormone du maternage. Traduit en langage psychanalytique, le blues équivaut à l'exacerbation de la préparation de l'esprit maternel à saisir les indices venant de l'enfant, nous dit Winnicott. Autrement dit, en créant un état particulier de sensibilité, le blues a pour fonction de faciliter l'attachement mère-enfant. Cette intense traduction émotionnelle permet à la mère désorganisée de se mettre en phase avec son nouveau-né*.»

En fait, cette fragilité présente un avantage : rendre la mère perméable à de nouveaux apprentissages, nécessaires pour la survie du nourrisson. Mais faut-il encore qu'elle le sache et qu'elle en ait conscience, sans que ses questionnements, ses inquiétudes et ses doutes ne soient réduits à l'inévitable baby blues. Entre ses mains se trouve la vie d'un être à qui elle doit s'adapter constamment et cette situation provoque de la tension. La naissance provoque de la joie… et du stress ! La jeune maman est désorientée, elle doit faire face à de nouvelles responsabilités dans un monde exempt de cadre de référence. Et son corps est fatigué.

Ainsi, cet état de vulnérabilité se lit non comme un moment de faiblesse mais comme une fenêtre de transformation. Mais pas dans n'importe quelles conditions ! Grâce, en priorité, à un soutien moral et en se déchargeant des tâches ménagères afin de consacrer son énergie à la découverte de cette nouvelle vie.

Qui voudrait faire le ménage en voyage ?

Prenons l'exemple du voyage. Quand vous partez à la découverte de nouveaux horizons, vous êtes en général heureuse et excitée, curieuse de ce que ce voyage vous réserve. De nouveaux paysages, villes, visages, styles de vie vous attendent. Arrivée à destination, passez-vous plus de temps à profiter des plaisirs de cette expérience, visites, musées, farniente, surf,

---

* Chantale Proulx, *Devenir mère, un voyage au centre de soi*, Éditions du CRAM, 2018.

ou à satisfaire vos besoins primaires par vous-même, c'est-à-dire cuisiner, avec tout ce que cela comporte d'organisation en termes d'achats et de préparation, et à vous assurer que l'endroit est propre en rangeant, nettoyant, astiquant, faisant la vaisselle ? Bref, passez-vous la majeure partie de vos vacances à cuisiner et à faire le ménage ? Non. Vous préférez de bons plats typiques, vous reposer et découvrir. Mais imaginez qu'on vous impose ce régime de tâches domestiques… Ne serait-ce pas encore plus frustrant de passer à côté de ce repos tant attendu et de ces occasions de découverte ? Imaginez maintenant que c'est exactement ce qui se produit pour une grande majorité de jeunes mères. À la différence que votre voyage est moins fatigant que celui d'une femme qui achève neuf mois de gestation en fournissant une énergie colossale pour accoucher.

Quelques jours plus tard, au lieu de profiter de la présence restauratrice de leur enfant et de retrouver de l'énergie en se reposant, les jeunes mères sont contraintes d'assurer leur propre survie en se préparant tant bien que mal des plats basiques types pâtes au ketchup et à effectuer les tâches du quotidien, tout en tâtonnant, souvent seules, dans l'accomplissement des soins de leur petit.

Il n'est pas étonnant que ces moments de fragilité s'éternisent et deviennent inconfortables.

Quand le baby blues ne passe pas

La dépression peut être déjà présente avant la naissance, survenir dans les jours qui suivent l'accouchement ou apparaître au cours de la première année de vie de son bébé. Pour une majorité, elle est diagnostiquée à partir de la huitième semaine après la naissance du bébé. Période où les femmes tendent à consulter*. Les causes sont variables et restent mal identifiées. La faible estime de soi, des antécédents de dépression, les difficultés liées à l'allaitement, le manque de coopération du père** prédisposent les jeunes mères à la dépression post-partum.

Savoir cette période postnatale synonyme de vulnérabilité pour une grande majorité de femmes permet de ne pas se sentir seule, voire anormale, quand émergent des émotions aussi déroutantes. Ainsi que d'être soutenue.

D'un autre côté, pour l'entourage, n'est-ce pas merveilleux d'offrir son soutien et des conditions optimales à la mère et à ce bébé ? Accompagner cette déroute émotionnelle évite que ces phases de difficultés deviennent des dépressions. La présence d'un tiers, qu'il s'agisse du conjoint, d'une amie, d'une mère, d'une sœur ou d'une cousine est donc capitale pendant les premiers jours après la naissance mais aussi pendant les six premières semaines et même les trois premiers mois.

L'ampleur du bouleversement corporel

Bien entendu, les femmes récupèrent ! La nature a bien fait les choses ! Toutefois, vouloir récupérer dans l'immédiat est irréaliste.

Prenons conscience de l'ampleur des bouleversements : le corps s'est ouvert pour laisser passer votre bébé, les articu-

---

* En annexe, un document répertorie les signes qui permettent de repérer une dépression postnatale. N'hésitez pas à vous y référer et à en parler à vos proches et à des associations ou des professionnels qualifiés si besoin.

** Patrizia Romito, *La naissance du premier enfant. Étude psychosociale de l'expérience de la maternité et de la dépression post-partum*, Delachaux et Niestlé, 1990.

lations de votre bassin se sont écartées, vos muscles se sont assouplis, vos ligaments se sont étirés, tout votre intérieur a été bouleversé. Il faut du temps pour que votre utérus reprenne sa forme, du temps pour qu'il se remette de la plaie causée par le décrochage du placenta, du temps pour que votre périnée qui a porté le poids de votre bébé et qui s'est distendu au moment du passage de celui-ci retrouve sa tonicité et porte à nouveau sans effort l'ensemble de votre ventre.

Dans de nombreuses traditions, les femmes restaient alitées plusieurs semaines après l'accouchement. Bernadette de Gasquet, médecin et professeure de yoga, propose aujourd'hui une méthode pour que la femme moderne occidentale puisse aussi bénéficier des savoir-faire et des connaissances biomécaniques des suites de couches. Elle conseille notamment aux femmes de rester le plus possible allongée pendant cette période.

> « Considérez que vous n'avez “plus de jambes, plus de dos, plus d'abdominaux”, c'est-à-dire que vous ne disposez plus de la musculature nécessaire pour rester debout, marcher longuement et porter des charges lourdes. Avant de reprendre vos habitudes “d'avant”, il faut commencer par le commencement. On l'a vu : éliminer ce qui a été fabriqué par la grossesse et remettre en place tout ce qui a bougé. [...] Votre utérus est encore lourd, les ligaments qui le suspendent au bassin se sont allongés, votre sangle abdominale est “trop grande”, et tout flotte un peu dans le vide laissé par bébé*. »

---

* Bernadette de Gasquet, *Mon corps après bébé, tout se joue avant 6 semaines*, Marabout, 2018.

Lorsqu'on se représente l'ampleur des changements au niveau des abdominaux et du périnée, on comprend que les gestes et les mouvements soient limités et que rester debout plus de quelques minutes est difficile.

La restructuration cérébrale de la jeune maman

La relation avec le bébé est d'une exceptionnelle intensité psychique. Lors de ces premières semaines se joue comme une course pour la vie. Une course qui se remporte grâce au bien-être, à la lenteur, à la douceur et à la confiance. Elle demande d'exprimer de nouvelles qualités parfois endormies comme l'empathie. D'un point de vue psychique, la responsabilité de ce petit être est si bouleversante que le psychisme de la jeune maman se modifie.

Ainsi, les premières preuves que la grossesse entraîne des changements durables dans le cerveau d'une femme ont été avancées. Une étude datant de 2016* a révélé comment la naissance modifiait le cerveau de la maman en démontrant que la structure cérébrale était remodelée jusqu'à deux ans après la naissance. Grâce à l'observation d'imageries avant et après l'accouchement, les femmes pour lesquelles c'était la première grossesse ont présenté une matière grise réduite dans les régions associées aux aptitudes sociales comme la perception et l'interprétation des désirs, des émotions, des intentions et de l'humeur d'autrui ou de soi-même. Les chercheurs avancent que ces modifications permettraient de

* Elseline Hoekzema et coll., « Pregnancy leads to long-lasting changes in humain brain structure », in *Nature neuroscience*, n° 20, 2017.

préparer une femme aux exigences sociales d'une maternité imminente. Il s'agirait d'une restructuration neuronale éliminant les connexions dont on ne se sert plus pour en créer de nouvelles. Les connexions les moins utilisées sont éliminées en faveur d'une spécialisation pour d'autres. Rien ne se perd, tout se transforme !

À la suite de l'accouchement, l'état relationnel de la femme la place « dans un besoin de références et est susceptible d'être envahi par des remémorations infantiles, des affects anciens, des réminiscences, sans se trouver en mesure de s'en défendre par ses barrières habituelles. Le psychisme de la mère est souvent envahi avec intensité par ce nouvel investissement que représente l'enfant* ».

Le mois qui suit l'accouchement marque une transition entre la jeune femme et la jeune maman. Heureuse mais fragile, hypersensible et vulnérable sont les mots qui reviennent lorsque les jeunes mamans décrivent leur état.

Le rôle essentiel de l'hormone de l'amour

Plutôt que du stress, la mère et le père ont un grand besoin d'ocytocine, cette fameuse « hormone du bien-être », appelée encore « hormone de l'amour ». Son rôle est déterminant pendant la grossesse, puis lors du déroulement de la naissance afin de provoquer des contractions suffisamment fortes pour expulser le bébé. On l'oublie trop souvent, elle est aussi indispensable pendant les quarante jours qui suivent. En effet, on doit à l'ocytocine de déclencher des sécrétions de prolactine qui est l'hormone de l'attachement et qui favorise donc la

---

* Chantale Proulx, *op. cit.*

création du lien entre la maman et son bébé, en particulier lors de l'allaitement. À la différence près que la sécrétion de cette hormone par l'organisme diminue trois à cinq jours après la naissance. Et que si des conditions de vie s'avèrent stressantes, l'ocytocine a peu de chances de se développer en abondance. En toute logique, elle pourrait amoindrir le risque de baby blues et de dépression post-partum. Du côté du nourrisson, il est extraordinaire de savoir que plus le couple prend soin du nouveau-né, en le portant, en le regardant, en le touchant, en le câlinant, plus il développe de récepteurs d'ocytocine. C'est donc à l'entourage, à la communauté de prendre le relais pour entretenir ce flux d'amour en dépit des bouleversements hormonaux de la jeune mère.

Ainsi, au regard de nombreuses traditions, ce mois est sacré. Il marque le temps de la découverte avec ce petit être qui vient faire cadeau de sa présence au monde. C'est l'apprivoisement mutuel, l'amour naissant. Cette vulnérabilité toute nouvelle ouvre à une douceur, un amour insoupçonné. La naissance de votre enfant est aussi la vôtre, celle d'une nouvelle mère.

4

La confrontation au réel, la force et l'amour

« C'est en réalisant, en vivant cette sacralité, que la femme trouve la signification spirituelle de sa propre existence ; elle sent que la vie est réelle et sanctifiée, qu'elle n'est pas une série infinie d'automatismes psychophysiologiques aveugles, inutiles et, en fin de compte, absurdes*. »

De nombreux parents confient que le jour de la naissance de leur enfant marque le moment le plus fort de leur existence. Hormis la mort, aucune expérience ne dépasse l'intensité d'une naissance. À plusieurs niveaux, c'est bouleversant. Donner naissance fait entrer dans « le dur » de la vie : nous devenons pleinement responsables d'un être vivant extérieur à soi. En initiant une nouvelle vie, on prolonge l'œuvre de nos parents, de nos grands-parents et de nos aïeux. On se taille une place dans l'histoire de la famille et à travers elle, de l'humanité tout entière. Les frères et sœurs deviennent oncles et tantes, les parents prennent le titre de grands-parents. À tra-

* Mircea Eliade, *Mythes, rêves et mystères*, Gallimard, 2002.

vers l'enfant, on appose de manière très concrète notre présence sur Terre.

Ne sommes-nous jamais préparés à tel bouleversement ?

De filles, nous sommes devenues femmes et bientôt mères. Ce passage vers la maternité appartient à chacune. À chacune d'identifier ce qui lui appartient ou ce qu'elle souhaite dépasser, comme les peurs, les angoisses, les projections.

Comme on l'a vu, il a été prouvé que le cerveau de la femme se restructure pendant la grossesse. Sur le plan hormonal, ce bouleversement change jusqu'à nos repères. Il modifie parfois même nos valeurs. De manière pratique, sortir de chez soi avec un nourrisson demande de l'organisation et une certaine préparation. Il faut prévoir porte-bébé, écharpe, poussette, rehausseur ; s'assurer d'emporter le matériel pour nourrir et changer votre bébé. Et la sortie dure toujours un temps limité. Bref, si durant votre jeunesse, vous étiez du genre à improviser des soirées ou à partir en week-end du jour au lendemain, sachez que l'anticipation et l'organisation vont désormais régir tous les domaines de votre existence.

Notre génération a grandi avec une certaine idée de l'autonomie et de la liberté, de la première dépend la seconde… C'est exaltant : notre identité n'est ni réduite à notre sexe, ni à notre âge, ni à nos parents, tout est possible pourvu d'en avoir la volonté. Notre réalisation personnelle est entre nos mains. On apprend à penser à nous, à nos désirs, à nous écouter, à tout mettre en œuvre pour réaliser nos rêves. Cet individualisme poussé à l'extrême transforme cette transition en un passage délicat : si l'accent est mis sur la réalisation sociale, dans le quotidien cloisonné de la maison, nous recevons peu de reconnaissance, si ce n'est des remarques et des conseils. Ce n'est pas toujours facile à vivre.

Par ailleurs, tout est fait pour nous éviter les contraintes et nous habituer à l'instantanéité. Alors que lenteur, répétition et maternité vont ensemble ! Après la naissance, plus une seconde pour prendre une douche, se nourrir, s'habiller ou se brosser les dents : l'oubli de soi le plus total. Donner de soi n'est de nos jours pas monnaie courante. Par chance, la vie elle-même nous enseigne les plus belles leçons. Christiane Singer, dans une lettre à son fils, analyse les profondeurs de cette transformation :

« Je te dois la démesure. Jamais plus je n'ai pu être la misérable pédante que j'étais avant ta naissance. Celle qui saurait tout sur tout. Celle qui cultivait sur tout des opinions, des jugements, convaincue qu'à force d'amasser du savoir, des plaisirs et des biens, elle finirait par être gagnante. Ce produit d'une époque et de ses dérisoires priorités que j'ai été a cessé d'exister. Grâce à toi, je l'ai échappé belle. Le réel m'a explosée au ventre, m'a déchirée en morceaux, avant de me réunifier autour d'un vide. Désormais, je ne sais plus rien sur rien. Mais j'aime*. »

La naissance de l'amour-force

Brûler le trop-plein pour embraser le réel. À la naissance d'un enfant, cette confrontation permet de contacter une autre dimension de nous-même. La réalité, bientôt, exaltera un goût d'invincible, comme si à chaque seconde de don, d'effort et d'oubli se gagnait un pécule de force, qui, invisible, se tapit au fond de soi.

* *Psychologies*, 2002.

Peut-être parce qu'œuvrer jour et nuit, au moins les premiers temps, pour la vie d'un autre, nous emplit d'une puissance qui ressemble à se méprendre à de l'amour. En fait, la maternité nous offre en retour un cadeau : l'amour-force. Il n'y a pas d'amour sans force, sans énergie. L'amour, la bonté, n'ont rien à voir avec la faiblesse, comme le croient parfois certains. L'amour est puissance. La maternité demande d'être capable d'endurer, de douter, de se questionner, d'accepter, de s'oublier, de rester ouverte, d'avancer, bref, de se mouvoir, encore et encore. Le taoïsme nomme cette énergie « chi ». En Inde, elle est désignée sous le terme de « shakti » et est vénérée. Car elle est la force de création qui fait se mouvoir le monde, qui comprend et régit toutes les autres : elle est universelle, illimitée, création, force et origine de la vie. C'est l'énergie vitale dissimulée dans votre respiration et les battements de votre cœur, cachée dans le souffle du vent et l'éclosion des fleurs, dans ce mouvement qui nous fait serrer si fort notre enfant. Cette force est la seule énergie que l'homme, malgré ses efforts, n'ait pas réussi à dompter. Nous, les femmes, en sommes porteuses, en particulier lors de cette période de création*. La naissance révèle ainsi la solidarité mystique entre la vie, la femme, la nature, la divinité. Cette révélation s'exprime dans de nombreuses cultures par des rites et des symboles.

Vous avez donc rendez-vous avec le réel. Pour honorer la magnificence de ce qui vient, accordez-vous du temps, du lâcher-prise et des moyens de récupérer, c'est-à-dire du soutien. Connectez-vous avec nos magnifiques qualités

---

* Mircea Eliade, *op. cit.*, 2002. « Il suffit de rappeler que, pour le tantrisme, le rôle important est joué par la Cakti, manifestée dans les multiples formes de la Grande Déesse, mais active également dans la Femme. »

intérieures que sont la douceur, l'empathie, votre naturelle bienveillance, celle qui, enfant, vous faisait aimer naturellement les autres. Elles irrigueront cette transformation, vous grandissant de cette aura de force et d'amour.

II

Avant la naissance, se préparer au Mois d'Or

5

Les bienfaits de l'anticipation

« Personne ne m'avait dit ! », « Je m'étais préparée à l'accouchement mais personne ne m'a avertie de ce qui m'attendait ensuite. » Après la mise au monde de leur enfant, les témoignages des jeunes mères traduisent le décalage entre la maternité rêvée et le réel.

Si les brochures, les livres et les conseils sur l'accouchement, les panoplies de vêtements et de matériel nécessaire à votre nourrisson ne manquent pas, la manière d'organiser cette période est rarement abordée. Peu d'études se sont consacrées aux conséquences de l'arrivée d'un enfant sur le psychisme des parents.

C'est le grand saut dans l'inconnu. Est-ce une raison pour improviser ? Une expérience postnatale heureuse repose d'abord sur une organisation tangible. En effet, cette période est truffée de no man's lands qui sont de potentiels facteurs de stress. Dans cette aventure où l'on pousse avec courage des portes sans savoir ce qu'elles cachent, certains points de repère seront des oasis verdoyantes. Le réaménagement de la maison, l'augmentation des tâches domestiques, la fatigue, les nuits parfois difficiles, la diminution de temps pour soi comme les loisirs écourtent les espaces de récupération. En conséquence, la patience diminue, la communication est moins claire, les émotions sont à fleur de peau.

N'oublions pas que ces quarante jours sont irremplaçables pour la santé physique et mentale de la jeune mère mais aussi pour l'équilibre à long terme de toute la famille. Des difficultés lors de la période postnatale ont des répercussions en cascade. Avec un peu d'informations et de préparation, elles peuvent être amoindries.

Cette phase de transition délicate ne supporte pas les clichés. Quoi de plus normal que de se sentir dépassé lorsqu'on ne s'attendait pas à un tel bouleversement ? Qu'en prime, on est exténué et que l'on doit assurer un allaitement qui tâtonne ?

Penser cette transition est votre objectif numéro un. Une préparation adéquate comble le décalage entre l'idée construite autour de la vie avec enfant et ce monde inattendu. De même, anticiper ces quarante jours atténue la rupture corporelle entre la grossesse, l'accouchement, puis le vide laissé par le bébé. À la naissance d'un enfant se manifeste un nouvel ordre éloigné de ce que les parents imaginaient. Une bonne préparation offre des repères, de la stabilité, des temps de respiration et d'oxygène qui, à terme, permettent de créer de nouveaux projets.

Anticiper ce qui est possible de l'être est le meilleur cadeau que vous puissiez vous offrir. Faites de ce mois un moment sacré, aligné dans l'ici et maintenant de la vie.

« Je suis restée tout le long de ma grossesse au stade premier de l'excitation et de la joie. Chaque mois passant, j'étais comme un oiseau sur la branche, m'envolant de sphère en sphère, toujours plus haut, pleine d'attentes irréalistes, de légèreté et de douceur... jusqu'à un accouchement déclenché et des suites de couches qui m'ont fait l'effet d'un long crash épuisant. Il faut dire que, comme de nombreuses femmes, j'étais anémiée. Pendant la grossesse, je souhaitais manger léger mais j'étais loin d'en voir les conséquences pour la suite ! » (Clémence).

6

Se préparer au Mois d'Or : une affaire de couple

Ensemble, prenez le temps d'explorer ce qui vous tient à cœur. Que souhaitez-vous vraiment pour votre accouchement, votre période postnatale et au-delà des quarante jours ?

Une conversation s'impose. C'est incontournable.

Pour le conjoint, la grossesse est souvent abstraite avant l'incarnation du bébé. Nombreux sont ceux qui peinent à réaliser la portée de la nouvelle et mesurer l'ampleur des changements qui s'annoncent. Concevoir cet enfant ensemble ne signifie pas toujours être sur la même longueur d'onde. C'est ici que le dialogue prend une place importante.

Réfléchir ensemble à une organisation permet à la jeune maman non seulement de s'alléger de sa charge réelle, mais aussi de la tristement célèbre charge mentale. Si elle met en place une organisation dont le conjoint ignore tout, le risque est pour elle de se retrouver, depuis son lit, à gérer et à donner des instructions. Ce qui est coûteux en énergie. Dans ce cas, on se dit que finalement, ce serait plus simple d'agir seule.

Faites le tour des grandes questions ensemble. Au plus tard trois mois avant la date du terme, il est important que certains points aient été au moins abordés, sans en tirer forcément des conclusions définitives. Voici une liste non exhaustive des enjeux autour de la naissance de votre enfant qui ne se limitent pas à la durée du Mois d'Or. Puis vous trouverez en douzième partie un plan postnatal résumant les grands points.

- Quelle sera notre organisation pour le premier mois ?
- Quelle sera l'organisation pendant le congé paternité puis au moment pour lui de reprendre le travail ?
- Qui sera présent pendant son absence (pour vous et pour assurer l'intendance) ?
- Si je souhaite allaiter, es-tu prêt à me soutenir ? Si oui, de quelle manière, quels réflexes pouvons-nous mettre en place pour qu'il soit facilité ?
- Qui nous aidera pour assurer les tâches domestiques ?
- Comment envisager les visites ? À partir de quand et à quelle fréquence ? Comment communiquer ce fonctionnement à notre entourage ?
- Comment partageons-nous le maternage de l'enfant (changement de couches, alimentation, nuits…) ?
- Souhaite-t-on nous orienter vers un mode de garde ? Si oui, quel mode de garde choisir et dans quel délai ?
- À long terme, comment nous répartissons-nous les tâches (préparation des repas, lessives, rangement, ménage…) ?
- Sur quels créneaux sera-t-il possible de prendre du temps pour soi ? Puis pour nous deux ?
- Que souhaitons-nous transmettre à notre enfant ? Qu'avons-nous reçu de nos parents que nous serions heu-

reux de lui transmettre ? Et, à l'inverse, qu'aimerions-nous transformer ?

- Quelles solutions envisager avec un aîné (aide pour les trajets, personnes pour le promener ou faire des activités) ? Est-il possible d'aménager un temps privilégié quotidien avec lui ? Dans ces moments, qui sera disponible pour votre bébé ?

Vous n'aurez pas toujours les réponses à ces questions avant la naissance. Elles évolueront au fur et à mesure de l'expérience. Le point fort dans le fait de se les poser en amont est qu'elles permettent de s'inscrire dans une dynamique où chacun a sa place et sa responsabilité.

7

L'alimentation : faites-en une priorité

Compte tenu de l'énergie dépensée lors de votre accouchement, il est vraiment très important de commencer à bien vous nourrir dès le début de votre grossesse. En effet, pendant toute la durée du Mois d'Or, l'objectif numéro un du corps consiste à renforcer le système immunitaire afin de restaurer l'utérus et de rétablir l'ensemble des fonctions physiologiques de manière optimale. Or, l'expérience de l'accouchement, les éventuelles séquelles, la cicatrisation d'une épisiotomie, d'une déchirure ou d'une césarienne, les lochies ainsi que l'allaitement sont gourmands en énergie. Il faut pouvoir compter sur des ressources physiques solides. Au sein de cette récupération, l'alimentation est la source principale de votre réservoir énergétique. Elle influence aussi le bien-être émotionnel. Vous aurez besoin de réconfort ! Sans conteste, une nourriture de qualité y contribue.

Nous prenons le parti de vous conseiller une nourriture à tendance végétarienne. En effet, ce régime convient au plus grand nombre, quels que soient la religion ou les choix personnels. Dans la mesure où vous êtes informée et attentive, il revient à chacune d'adapter son régime selon ses propres choix et ses habitudes alimentaires (omnivores, vegan, etc.).

Si nous livrons ici des conseils pour votre grossesse, sachez que cette liste n'est pas exhaustive. Voici les secrets culinaires bénéfiques pour le corps et le moral afin de bien vivre cette période.

Ainsi, s'assurer de ressources solides commence par deux priorités incontournables pendant toute la durée de votre grossesse :

1. Vérifier régulièrement à ne pas développer de carences.

2. Préparer de bons petits plats consistants, à partir de vos propres goûts, et les congeler en vue de la période postnatale.

S'assurer de ne pas développer de carences pendant neuf mois

Votre taux de fer est capital. Les études montrent que parmi l'ensemble de la population, ce sont les femmes enceintes qui présentent le plus grand risque d'une carence en fer. En effet, une femme enceinte a besoin de 27 mg de fer par jour contre 18 mg pour une femme en âge de procréer qui n'est pas enceinte et de 8 mg pour un homme entre 19 et 50 ans.

Le fer joue un rôle essentiel dans le fonctionnement de notre organisme. C'est lui qui assure le transport de l'oxygène vers les tissus. Si le nombre de globules rouges diminue ou si les globules rouges s'appauvrissent en fer, la quantité d'oxygène véhiculée par le sang baisse. Alors privés de leur carburant, les organes ont des difficultés à fonctionner. En résulte une grande fatigue, de l'essoufflement pour monter quelques marches, une plus grande vulnérabilité aux maladies et une tendance à la dépression. Ce manque a des effets sur notre humeur et sur notre forme physique. On parle d'anémie quand le taux d'hémoglobine du sang est inférieur à 13 g/dl chez l'homme et 12 g/dl chez la femme.

Votre sang est-il pauvre en fer ? Pour le savoir, rien de plus simple que de demander à votre médecin, votre sage-femme ou votre gynécologue une ordonnance pour une prise de sang afin de vérifier son taux. Normalement, une prise de sang pour évaluer le niveau de ferritine est obligatoire en début de grossesse. Toutefois, il peut être intéressant de vérifier régulièrement ce taux en renouvelant ces prises de sang tout au long de la grossesse, en particulier pendant le dernier trimestre durant lequel le bébé est particulièrement gourmand. En effet, le taux de fer est essentiel pour la fabrication de ses globules rouges. Ces évaluations permettront :

1. de surveiller que le taux ne diminue pas, voire qu'il augmente ;

2. d'en vérifier les effets si vous avez décidé d'augmenter votre taux de fer en vous supplémentant.

La supplémentation pour les femmes enceintes n'est plus recommandée de manière systématique depuis 2004. Cependant, si vous présentez des signes de faiblesse tels que la fatigue, le besoin fréquent de vous reposer, de l'essoufflement, de la pâleur, une faiblesse en vous levant d'une chaise, des cheveux secs, des ongles cassants, des difficultés de concentration, un manque de motivation et d'entrain ou des palpitations, vérifiez votre taux de fer.

Plusieurs solutions permettent de pallier l'inexorable diminution de votre taux de fer. D'abord, en vous nourrissant d'aliments riches en fer. Puis en consommant des compléments alimentaires qui présentent la garantie d'un apport journalier facile à emporter partout avec vous.

Les aliments riches en fer

Les aliments riches en fer sont les légumineuses comme les lentilles, les pois chiches, les pois cassés mais également le tofu, les œufs, les fruits secs, les graines de courge et de tournesol (à parsemer dans tous vos plats), les algues, les légumes verts, l'avoine, les sardines, les maquereaux, les noix et le persil.

Sachez que le tabac, le thé vert et le café inhibent l'absorption du fer. Si vous en consommez, faites-le à distance des repas pour éviter qu'ils ne freinent trop son assimilation (minimum une demi-heure).

En ce qui concerne les compléments alimentaires : les compléments pharmaceutiques classiques présentent des effets secondaires désagréables, la constipation par exemple. C'est pourquoi, le plus intéressant est de s'orienter vers des compléments de fer naturel, type « fer doux » (par exemple, Gentle Iron de Solgar*). À savoir : le taux exact de mg de fer est inscrit sur les boîtes de compléments alimentaires et, en dépit des présentations marketing, les taux sont très variables, allant de 5 à 25 mg. Or, une femme enceinte présente des besoins supérieurs à une femme qui ne l'est pas. Il est donc important de vérifier le taux en mg sur la boîte.

Il existe aussi des solutions liquides en bouteille issues de plantes comme par exemple Floravital. L'idéal est de croiser

* Les marques de compléments sont proposées à titre indicatif, il en existe d'autres et nous vous invitons à faire vos recherches dans ce sens. En cas de carence, il est conseillé de consulter un professionnel qualifié.

ces différentes solutions afin d'assurer à votre organisme sa dose de fer en proportion suffisante chaque jour.

Il faut savoir qu'augmenter son taux de fer prend du temps, c'est-à-dire plusieurs mois, il est donc important :

- de prendre ces compléments alimentaires avec régularité ;
- de conjuguer avec une prise de vitamine C en consommant des aliments riches de cette vitamine tels que les oranges ou les jus d'agrumes au moment de la prise, car c'est la combinaison du fer avec la vitamine C qui rend le fer assimilable par le corps ;
- ne pas attendre d'être carencée avant d'entamer une démarche, car il faut du temps pour rétablir le taux de fer.

Les principaux nutri-éléments et vitamines indispensables

Le zinc, la vitamine C, la vitamine E, le sélénium, les caroténoïdes, la vitamine A, la vitamine D, le manganèse, le magnésium, le calcium, la vitamine B6, la vitamine B9 (connue aussi sous le nom d'acide folique), la vitamine B12, le fer, les omégas 3-6-9, l'iode.

Une mention spéciale est accordée aux omégas 3. D'après la *Revue canadienne de psychiatrie*, une alimentation riche en oméga 3, non seulement lutte contre la dépression et évite les maladies cardio-vasculaires, mais limiterait aussi les risques de dépression post-partum. En effet, pendant la grossesse, une grande partie des omégas 3 est transmise au bébé, amenuisant les réserves jusqu'à six semaines après la naissance. La femme enceinte gagnerait donc à consommer des aliments riches en omégas 3 tels que l'huile de foie de morue, les maquereaux et les sardines, les graines de lin (à broyer au préalable), les huiles de colza, de noix ou de germe de blé (à ajouter dans vos plats).

Pour les végétariens et vegan, il existe le complément alimentaire « Veg1 » qui contient les éléments essentiels : la vitamine B6, B9, l'acide folique, la vitamine D et la fameuse vitamine B12.

8

Prévoir des semaines de repas chauds, savoureux et nutritifs

Cuisinez ! Avec votre conjoint, seule ou avec vos amis mais de grâce, préparez à l'avance vos plats favoris pour la période postnatale. Récupérer des heures de sommeil ne sera plus possible, se nourrir de repas variés, nourrissants, savoureux et chauds, essentiels pour votre organisme, exigera de la préparation, au moins trente minutes. Du temps que vous n'aurez pas. Et de l'énergie que vous n'aurez pas non plus puisque votre corps sera en pleine récupération. Au mieux, ne vous nourrir que de pâtes, de pain et de fromage va vite entamer votre moral, sans que ces aliments contribuent au recouvrement de vos forces. Au pire, ce type de nourriture demandera une énergie incroyable à votre système digestif, ce qui deviendra un facteur additionnel de fatigue.

Pendant la période postnatale des quarante jours, l'enjeu n'est pas de survivre, mais de vivre. Donc, deux à trois mois au moins avant la date du terme, prévoyez, si votre état le permet, de cuisiner des plats destinés aux quarante jours de votre rémission. Cette partie vous livre toutes les bases et les astuces d'une bonne organisation pour vous assurer des plats chauds et nutritifs, en toutes circonstances. Puis, grâce aux connaissances de la naturopathie et de l'ayurvéda, nous verrons comment optimiser la qualité nutritionnelle de ces repas en préparant des mets adaptés aux besoins de la jeune maman et de son éventuel allaitement afin d'éviter les maux courants comme les ballonnements et la constipation.

Toutefois, la règle première en termes de choix alimentaires est de vous faire plaisir. Vous aurez besoin de vous retrouver, ce qui signifie renouer avec les aliments que vous aimez.

Comment congeler ?

Les règles à connaître pour la congélation sont les suivantes :

- Ne jamais recongeler des produits qui ont déjà été décongelés.
- Congelez par portion, soit pour une personne, soit pour toute la famille.
- Pensez à couvrir tout ce que vous congelez.
- Ne pas remplir complètement le sac ou la boîte de congélation car le volume des aliments augmente sous l'effet du froid.

Combien de temps prend la décongélation ? Hormis les viandes et les poissons, il est possible de les mettre directement à cuire au four, dans une casserole ou une poêle, en fonction de leur consistance. Les aliments devant subir une décongélation avant préparation sont : les pâtisseries, les grosses pièces de viande et les volailles, ainsi que les produits consommés crus (fruits ou crudités).

La congélation est une solution économique. Vous ne serez jamais déçue puisque vous préparez ce que vous aimez.

En partie XIII, vous trouverez des recettes ayurvédiques nutritives conçues pour les jeunes mamans.

Le *meal train*

Vous avez de nombreux amis sympas autour de vous prêts à rendre service ? Optez pour le *meal train* ! Le principe est simple : l'un de vos amis coordonne l'organisation de vos repas grâce à un planning en ligne partagé par toutes les personnes à proximité de chez vous, amis et familles, disposés à vous rendre service en préparant et en livrant un repas pendant le Mois d'Or. Cette solution s'est développée en Californie avec succès. Par ailleurs, le *meal train* est une très belle solution peu coûteuse qui contribue à renforcer les liens autour de votre famille. Et donc la solidarité entre tous. Il est intéressant de le mettre en place dès aujourd'hui pour qu'il soit opérationnel dès la naissance.

Baby shower, *blessing way* et petits plats

Si vous organisez une cérémonie de *baby shower** ou un *blessing way***, demandez que vos amis vous concoctent des petits plats pleins d'amour et de bonnes vibrations. L'idée est que

* Le *baby shower* est une fête prénatale qui met à l'honneur la future maman. Cette expression d'origine anglo-saxonne signifie « la douche de bébé », pour symboliser le renouveau.

** Le *blessing way* est une cérémonie pour la future maman issue de la tradition amérindienne navajo. De plus amples explications sont apportées dans le dernier chapitre de cette partie.

chacun vienne avec son petit plat dans une boîte métallique facile à congeler sur laquelle il aura inscrit son prénom que vous stockerez dans votre congélateur. Quand vous dégusterez ce plat, vous aurez une petite pensée pour celui ou celle qui l'aura préparé et vous savourerez pleinement cette attention. Cette solution est évidemment à combiner avec les plats préparés par vous-même. À noter que le *baby shower* et le *blessing way* sont une belle occasion de mettre en place le *meal train*.

« Nous nous sommes organisés lors du *blessing way* où étaient invitées notre sage-femme, des amies et nos mamans. Non seulement cette rencontre célèbre l'accouchement, mais elle a renforcé le lien des femmes autour d'Anaïs. Nous avons pu expliquer notre démarche et ce que nous souhaitions pour l'après, en particulier qu'ils seraient sollicités. Avec nos mamans, nous avons mis en place un planning des repas » (Anaïs et Sylvain).

Vous ne pouvez pas cuisiner ?

L'essor du commerce sur Internet a vu apparaître des épiceries en ligne proposant des paniers repas assortis de recettes, des paniers constitués simplement de fruits et légumes à cuisiner chez soi. Cette solution est pratique pour votre conjoint et la ou les personnes qui vous accompagneront.

Autre possibilité à connaître si vous vivez dans une grande ville : les services de livraison de repas. Cette solution peut être onéreuse mais pendant le Mois d'Or, même les sensations de votre palais ne sont plus les mêmes, vous dégusterez avec bonheur ce repas tombé du ciel. Cela demeure aussi un bon choix de dépannage, si vous êtes seule avec votre bébé ou si votre conjoint ne peut assurer un repas.

Faire de l'un de ces repas par service de livraison un cadeau de naissance est aussi possible. À l'arrivée de votre bébé, il sera bien plus précieux que le plus joli des bodies ou des pyjamas ou d'une énième Sophie la girafe. Cela fait vraiment plaisir.

Les aliments surgelés

Souvent présenté comme l'ennemi d'une alimentation saine, le surgelé présente toutefois quelques atouts. Le froid ralentit en effet le processus de dégradation des minéraux et vitamines des fruits et des légumes. Il ne déstructure en rien la composition des aliments. Certes peu écologiques, ils sont toutefois une excellente solution de dépannage, en particulier lorsqu'on a plusieurs enfants. Vérifiez aussi qu'ils ne contiennent aucun additif et qu'ils soient issus de l'agriculture biologique.

Les indispensables du placard

Voici une liste de denrées à ranger dans un placard spécial quarante jours. Elles sont à réunir au moins six semaines avant le terme. Vous n'y toucherez que le moment venu. Considérez que vous pouvez accoucher dès huit mois, vos placards doivent donc être remplis avant. Présentant certains avantages nutritionnels, ces aliments sont particulièrement adaptés à la jeune maman.

- Cubes de bouillon et/ou de soupe miso.
- Lentilles corail et pois cassés (pour les protéines).
- Paquets de riz (biologique et à mélanger avec les lentilles) et de quinoa.

- Les oléagineux (eux ont leur place sur votre table de chevet) : amandes, noix, noix de cajou, noisettes, pistaches… Il est possible de se les procurer en vrac ou sous forme de purée.
- Carrés de gingembre pour leur action réchauffante.
- Tisane d'allaitement.
- Flocons d'avoine ou muesli bio.
- Laits végétaux (soja, amande, noisette, riz).
- Quelques boîtes de sardines et de maquereaux.
- Si vous êtes végétarienne : des poudres riches en protéines à ajouter à votre bol de petit déjeuner*.
- Des bouteilles d'huile de colza, de lin et de germe de blé riches en omégas 3-6-9.
- Quelques épices : poivre, curcuma, gingembre, cannelle, clous de girofle, coriandre.

Ce qu'il faut vérifier six semaines avant le terme

- Assurez-vous que votre congélateur soit rempli de vos préparations, de celles de vos amis et d'éventuels surgelés.
- Assurez-vous que votre placard des indispensables soit saturé de denrées.

* Par exemple, la marque La Mandorle propose une boîte « Mati'noisette, céréales et super-aliments » à base de noisettes et d'amandes.

9

L'essentiel des meilleurs aliments et recettes pour les quarante jours

Voici quelques recommandations issues de l'ayurvéda pour la période postnatale. Dans l'idéal, une femme après son accouchement se nourrit :

- d'aliments cuits qui sont plus digestes et qui demandent donc moins d'énergie au corps ;
- d'aliments liquides, encore une fois faciles à digérer : bouillons, mijotés, soupes, porridges, muesli, gruau ;
- de bon gras pour alimenter les tissus et favoriser un bon moral ;
- de protéines en quantité.

Elle s'hydrate régulièrement grâce à des boissons chaudes, de préférence.

Elle évite les aliments crus qui peuvent provoquer des ballonnements chez la maman et des coliques chez le nourrisson, même en été. Se nourrir d'aliments cuits favorise le transit et n'oblige pas l'organisme à monopoliser de l'énergie pour digérer.

Idées repas aux multiples vertus

Voici quelques idées de plats composés de légumes de saison. Certaines recettes sont disponibles en annexe.

- **Novembre-décembre :** soupe de courge au tofu, basilic, curcuma et lait de coco accompagné d'un riz semi-complet.
- **Janvier-février :** kitchari de riz et de lentilles (recette p. 376).
- **Mai-juin :** bouillon + purée de patates douces et citron (recette p. 367).
- **Juillet-août :** bouillon + gratin de brocolis au tofu et au fromage (recette p. 368).
- **Septembre-octobre :** velouté de carottes aux épices et tapioca (recette p. 369).

Avant de (vous faire) servir, il faudra ajouter des huiles riches en omégas 3, comme l'huile de colza, l'huile de noisettes, l'huile de tournesol, l'huile de lin ou l'huile de cameline.

Approfondir l'alimentation saine et naturelle

Candice Levy, naturopathe et spécialisée dans la périnatalité, conseille de se procurer un extracteur de jus afin de privilégier les jus de fruits plutôt que la consommation brute de fruit. En effet, les jus de fruits offrent le meilleur des fruits sans les inconvénients des fruits crus qui ralentissent la digestion de l'organisme et favorisent les coliques du nourrisson en cas d'allaitement.

Or, le jus de fruits présente l'indéniable atout de ne pas contenir les fibres responsables d'une digestion parfois perturbée. Associés à un légume vert qui contient de la chlorophylle, les jus permettent au contraire d'oxygéner l'organisme et d'augmenter le feu digestif. Et si vous ne résistez pas à quelques fruits entiers, le mieux est encore de les consommer en dehors des repas !

10

Organiser un espace de maternage à soi et chaleureux

De retour à la maison, le corps de la jeune maman, en état d'ouverture, est très perméable aux influences extérieures. Dans ces circonstances, il y a de fortes chances que vous soyez demandeuse de calme et de quiétude.

Un mot revient souvent, parmi les témoignages de femmes de retour chez elles : c'est « vide ». Il faut créer de nouveaux repères. Dans cet habitat encore vierge de ce petit bébé, déterminez l'endroit qui sera l'épicentre de votre vie postnatale ; et posez des limites. Cela peut être votre lit, le canapé du salon. Cette sensation que le corps est comme dispersé sera mieux contenue. Un espace où l'on revient sans cesse est structurant. C'est le cœur du Mois d'Or et cela œuvre en profondeur à la restauration physique et psychique.

Allumer le feu

Un feu de bois dans une maison diffuse une chaleur aussi physique que spirituelle. Pendant quelques semaines, faites de votre chambre un véritable temple. Au centre, vous rayonnerez en peau contre peau avec votre bébé. Le contact constant

Créez un espace confortable pour nourrir votre bébé, en particulier si vous l'allaitez.

avec lui va allumer ce feu et générer cette chaleur, cette force d'amour invisible. Ce feu symbolique occupe ainsi le centre de toutes les attentions pendant le Mois d'Or.

Un temple où l'on parle à voix basse par respect pour le sommeil du bébé. Dès que vous entrerez dans cet espace, qui est le vôtre, vous vous sentirez bien. Restez en pyjama ou dans des vêtements souples et confortables aussi longtemps que vous le souhaitez. Assurez-vous tout le confort possible.

L'objectif est de créer une atmosphère relaxante qui génère de la détente et accroît votre confiance intérieure. Prenez donc le temps de vous reposer sur votre lit sans aucune culpabilité. L'espace de change doit être installé à proximité de votre chambre, voire dans votre chambre, afin de vous éviter des déplacements et à une hauteur suffisante pour ne pas vous créer de mal de dos. L'attention consacrée en amont de votre accouchement à cet espace augmentera et participera à vous apaiser.

La liste des objets indispensables

Voici la liste des objets indispensables pour votre chambre et la maison qui entretiendront cette atmosphère chaleureuse et confortable. Si vous allaitez, les tétées au sein sont plus longues qu'une prise de biberon. S'assurer un espace confortable est alors plus que nécessaire.

- **Une table de nuit :** indispensable pour disposer les crèmes, huiles, tubes d'homéopathie, Thermos, tasse de tisane, coupelle de fruits secs et d'oléagineux. Au sein de ce sanctuaire qu'est votre chambre, votre table de nuit est votre autel : y repose ce qu'il y a de plus précieux.

- **Un marchepied :** assurez votre confort lorsque vous serez assise dans le canapé ou sur la chaise de la salle à manger et que vous allaiterez votre bébé. Il est aussi bien pratique quand surviennent des problèmes de constipation.

- **Une bouillotte :** la sacro-sainte, génératrice de chaleur pendant des heures. Enveloppez-la d'une serviette pour diminuer la sensation de chaleur forte et momentanée tout en conservant son pouvoir chauffant. Elle est aussi importante avant qu'après l'accouchement.

- **Des alèses :** pratiques lors des premiers jours de suite de couches. Elles éviteront les taches éventuelles sur les draps et le matelas et donc l'effort de changer la literie. Vous gagnerez en sérénité.

- **Un coussin d'allaitement :** très agréable pour retenir votre bras ou vos épaules quand vous allaitez, il se compose de balles d'épeautre, de cosses de sarrasin ou de microbilles. Choisissez un coussin de bonne qualité*.

- **Une lumière douce :** comme une lampe à sel ou une pierre blanche, très utile lorsque votre bébé se réveille en pleine nuit et qu'il faut éviter un éclairage trop vif. Très bon encore pour augmenter votre niveau d'ocytocine.

- **Des coussins et encore des coussins :** si vous allaitez, ils vous seront d'une grande utilité pour caler et soutenir le corps, car tenir son bébé dans ses bras peut vite être fatigant.

---

* . Le coussin de la marque CorpoMed, par exemple.

Une mauvaise position peut provoquer des douleurs et endommager les seins, ce qui a pour effet de fragiliser sérieusement l'allaitement. Et même si votre enfant est au biberon, les coussins préservent des tensions dans les bras et les épaules.

- **Des couvertures et des plaids :** l'ocytocine a besoin de chaleur pour se développer

- **Un plateau** sur lequel on vous apportera votre repas.

- **Une ceinture ou une gaine* :** inspirée du Japon, à utiliser aussi en période prénatale, la gaine et/ou la ceinture permettent de refermer le bassin, de remonter les organes, d'ajuster la silhouette sans compression tout en assurant confort et plaisir. On se sent à la fois soutenue et plus légère !

- **Des vêtements légers** et surtout pas synthétiques qui risqueraient d'accroître la transpiration en cas de coup de chaud.

- **Une thermos** pour toujours avoir une boisson chaude sous la main sans avoir à vous lever. Un verre d'eau à portée de main est toujours une bonne idée quand on allaite. Il est inutile de boire plus que nécessaire, car cela n'augmente pas la production de lait et peut être désagréable.

---

* Nous recommandons la marque Physiomat. Il est aussi très bénéfique de porter la ceinture en fin de grossesse pour soutenir le bassin et limiter les pressions sur le périnée.

Si vous avez envie d'aller plus loin pour sacraliser votre Mois d'Or en honorant la naissance de votre enfant et la nouvelle mère que vous êtes, prévoyez ou demandez des bougies, de la musique douce, un bouquet de fleurs fraîches, et bien sûr du chocolat !

Lorsque nous lui avons parlé du Mois d'Or, Cécile Doherty-Bigara* a été immédiatement d'accord pour nous livrer son expérience de cette période.

« Johann, mon compagnon, et moi nous sommes mis d'accord bien avant l'accouchement. Dès que nous avons appris que j'étais enceinte, nous avons voulu nous impliquer autant l'un que l'autre. J'ai toujours été attachée à une répartition égale des tâches entre nous. Il était clair qu'à la naissance de notre fils Léon, nous ne serions pas sur la même ligne de départ. À mon compteur, j'aurai déjà neuf mois de grossesse ainsi que l'accouchement : donc de mon côté un degré de fatigue plus avancé, davantage de ressources physiques du sien. Grâce à un livre que j'avais lu sur la période postnatale, nous étions aussi conscients l'un que l'autre de l'intensité du travail qui nous attendait, avec pas même deux minutes pour nous préparer un repas.

Nous avons décidé de prioriser deux points : la logistique pour lui, le repos pour moi. Cela allait complètement de pair : pour bien nourrir Léon, je devais moi-même être correctement alimentée. Johann s'est donc occupé des courses et de la préparation des repas. Il veillait à ce qu'un verre d'eau se trouve en permanence sur ma table de chevet. Allaiter, ça donne soif !

Intuitivement, je savais que je ne voudrais voir personne pendant cette période et c'est ce qui s'est passé. Après cinq jours à la maternité, nous sommes rentrés chez nous, j'avais encore du

---

* Cécile Doherty-Bigara est professeure de yoga et consultante en ayurvéda, fondatrice du blog « Le Palais Savant » (www.lepalaissavant.fr).

mal à marcher et à me tenir debout, traversée par la sensation qu'une autoroute venait de couper mon corps en deux. Je me sentais sensible, vulnérable, je voulais être avec moi-même et avec Léon, lécher mes blessures, me retrouver. C'est ce qui fut le plus compliqué à faire comprendre à mon compagnon et à notre famille. Qu'on voulait passer ces premiers jours/semaines seuls. Je leur ai donc transmis un article sur la période postnatale et ils l'ont accepté.

C'est ainsi que nous avons vécu quarante jours tous les trois. Physiquement, mon corps ne voulait pas s'éloigner d'eux, mon utérus se crispait si je sortais de la maison ! Je me rappelle qu'à trois semaines, j'ai voulu prendre l'air et faire le tour du pâté de maison. Je suis rentrée très vite tant je ressentais le besoin d'être au chaud avec eux ! J'ai aimé ce mois pendant lequel j'étais si bien nourrie, où chaque douche après laquelle je m'enduisais d'un mélange d'huile que j'avais spécialement préparé était une merveille, j'ai eu la chance que mon allaitement soit facile à mettre en place. J'ai pu observer longuement Léon pendant des heures. Ce fut l'expérience d'un monde parallèle, où à dix-sept heures, encore en pyjama, Léon dans les bras, je voyais le mouvement des voitures par la fenêtre. Même avec une préparation, on ignore combien cette période est ardue. Les femmes ont besoin de bienveillance et de compassion. On félicite beaucoup les bons pères de nos jours mais peu les mères. Alors qu'elles ont tellement besoin de ce miel ! »

11

Les ressources bien-être : calme, chaleur, lenteur

Cette nouvelle naissance est une invitation à ralentir, à sortir de la pression, à couper avec les portables et les réseaux sociaux, à prendre le temps d'être ici et maintenant, au présent. Aucun but à atteindre ! Rien à montrer ni à démontrer ! La présence des nouveaux parents auprès de leur bébé est, à cette période, l'acte le plus important qui soit. Dans ce sens, la détente, la relaxation et votre bien-être sont une manière de vous délecter du tempo des quarante jours, doux et calme. L'amour, la gratitude et l'émerveillement susceptibles d'émerger pendant cette période resplendiront sur votre bébé.

Massages, bains de vapeur, méditation, tisanes… Pendant le Mois d'Or, ce sont des ressources à haute valeur ajoutée. En effet, par le toucher et la chaleur, elles génèrent la si précieuse hormone de l'amour, l'ocytocine. Elles répondent ainsi aux besoins physiologiques et énergétiques de la jeune maman dont le corps est encore ouvert, parfois douloureux, sensible au froid. Sur le plan émotionnel, le cerveau est en pleine restructuration. Dans certaines cultures, les jeunes mamans sont ainsi massées tous les jours ! L'ayurvéda préconise par exemple un massage quotidien pour la maman et son bébé.

Voici donc une liste de soins et de pratiques recommandés pour la grossesse puis la période postnatale. Certains sont à mettre en place dès maintenant, comme les mélanges d'huile tandis que les massages seront reçus pendant le Mois d'Or. Dans cette perspective, recherchez dès maintenant des professionnels compétents prêts à se déplacer à domicile, un petit chauffage d'appoint pour chauffer la pièce si nécessaire et de grandes serviettes ou des linges qui ne craignent pas les taches d'huile.

La préparation du périnée

Quand ? Huit semaines avant l'accouchement.

Cette préparation est importante ! Un massage quotidien pourrait en effet assouplir la vulve et certains endroits du périnée. De plus, le toucher éveille la conscience de cette zone qui est aussi très utile dans une perspective de rééducation du périnée ainsi que toute la vie durant. En cas de déchirure ou d'épisiotomie, dès que la cicatrice ne saigne plus, les massages présentent un grand intérêt. Commencer à masser avant semblera moins étrange. Les huiles d'abricot proposées par Weleda sont parfaites et sont assorties d'un manuel d'exercices. L'ayurvéda utilise du ghee*.

Ce qu'on aime : l'assouplissement et la prise de conscience de cette zone.

---

* Le ghee est un beurre clarifié utilisé en ayurvéda. Sa recette se trouve dans les annexes.

Le bain dérivatif

Quand? Pendant la grossesse et pendant le Mois d'Or quand se terminent les pertes de sang (après environ quatre semaines). Également en cas d'hémorroïdes.

Pour en profiter été comme hiver, installez-vous sur les toilettes ou sur une chaise. Utilisez un marchepied pour plus de confort. Il faut alors couvrir correctement l'ensemble du corps (gardez toujours en tête l'importance de la chaleur) et ne refroidir que l'aine au moyen de poches de froid. Vous pouvez aussi placer des glaçons dans un gant de toilette. Ce type de bains se pratique pendant dix à vingt minutes, à échelonner selon votre énergie vitale et à compter d'une vingtaine de jours après l'accouchement, après les dernières pertes de sang.

Ce qu'on aime: les bains dérivatifs sont une merveille pour la femme enceinte qui, au milieu des chaleurs de l'été, souffre de maux de dos et d'une mauvaise circulation. Durant la période postnatale, les bains dérivatifs vitalisent, rechargent, raffermissent et allègent des kilos superflus. Ils feront du bien à votre périnée si celui-ci est endolori ou enflé à la suite du passage de votre bébé. Le périnée est la seule zone du corps où le froid est bénéfique.

Le mélange chaud-froid améliore l'état général. Les bénéfices sont donc: un regain de vitalité, un raffermissement des tissus, une rééducation du périnée, un allègement des graisses brunes.

Le massage ayurvédique

Quand ? Pendant la grossesse, entre le quatrième et le septième mois et le troisième jour après l'accouchement, à répéter tous les jours si possible.

L'ayurvéda materne la jeune maman. Le massage ayurvédique est lent, enveloppant, régulier, les huiles sont chaudes et nourrissantes. Il se concentre sur la tête, le ventre, les pieds et le resserrage du bassin de la jeune maman qui repose sur des coussins. Durant la période postnatale, l'idéal est de recevoir le massage à domicile pendant qu'une personne de confiance veille sur votre bébé.

Ce qu'on aime : se laisser aller entre des mains bienveillantes, se calmer, se recentrer ; la relaxation profonde donne une sensation de liberté et d'énergie et résorbe le stress.

La sophrologie

Quand ? Avant l'accouchement pour la réutiliser durant le Mois d'Or.

Pour apprendre à entrer dans un état profond de relaxation, pour visualiser l'accouchement, le ressenti du bébé, pour se mettre en condition, la sophrologie use de la respiration et de la visualisation.

Ce qu'on aime : une meilleure conscience du souffle, un moyen d'évacuer ses peurs, de retrouver une reconnexion au corps et de visualiser sa vie d'après. Globalement, elle apporte une meilleure confiance en soi.

Le yoga

Quand ? Pendant votre grossesse et après l'accouchement. (Dans le respect de la biomécanique d'une jeune maman.)

Durant la période postnatale, il est important de renforcer le plancher pelvien avant de commencer le travail abdominal. Cela signifie de ne pas se précipiter sur son tapis dès qu'on retrouve un semblant de forme. Nous vous conseillons de pratiquer avec des professeurs ou coachs certifiés* à domicile, qui adaptent la pratique à l'état corporel de la jeune maman, en particulier en prévenant les hyperpressions abdominales et en travaillant de façon progressive pour assouplir et tonifier le périnée, les abdominaux, les jambes, le dos et les fessiers.

Ce qu'on aime : le développement de la conscience corporelle, la douceur et le respect, un travail en profondeur sur le corps.

La méditation

Quand ? Pendant la grossesse pour en percevoir les fruits durant la période postnatale et au-delà.

La pratique la plus célèbre aujourd'hui est la méditation de pleine conscience qui est traduite aussi par « pleine présence ». Comme son nom l'indique, la méditation vise à être pleinement dans le présent, corps-esprit, à chaque instant de la vie, ce qui est très utile avec un enfant, de sa naissance à l'âge adulte.

---

* Certification De Gasquet ou Formation d'enseignant de yoga périnatal et Yoga-Doula®. Voir l'annuaire des professionnels en maternité en annexe, dans la section « Réseaux ».

Les séances de méditation commencent toujours par une prise de conscience du corps et du souffle. Il existe bien sûr des cours de méditation mais on peut aussi commencer grâce à des applications.

Bénéfices

- Mettre à distance le mental, les ruminations et les pensées.
- Sortir du mode « pilotage automatique » qui consiste à réaliser des actions sans être vraiment présent.
- Prendre conscience des émotions présentes et enfouies pour, à terme, mieux les appréhender ainsi que les réactions qui en résultent.

Pratiquée seulement deux fois par semaine pendant huit semaines, la méditation abaisse le niveau de cortisol dans le sang, qui est l'hormone responsable du stress. La méditation stimule la production de bonnes hormones : les endorphines, la sérotonine et l'ocytocine. À la fin de ce chapitre, nous vous proposons une méditation spécialement conçue pour la période postnatale.

Bref, la méditation aide à prendre de la distance et à apprécier ce qui nous entoure. Pendant votre maternité, vous en aurez besoin. Votre réservoir de self-control va sérieusement diminuer après l'arrivée de votre bébé. Sans compter l'éducation de votre jeune enfant d'ici quelques années. S'approprier ces pratiques augmentera les chances de s'en emparer pendant le Mois d'Or. Ce sera un réflexe et vous pourrez ainsi les pratiquer sans tâtonner.

Le resserrement du bassin

Quand ? Après un accouchement par voie basse, le plus tôt possible. En cas de césarienne, c'est possible également, mais en adaptant la méthode.

Cette pratique réapparaît depuis quelques années en Occident. Dans l'idéal, elle est pratiquée juste après l'accouchement. Il s'agit de nouer très serré un long morceau de tissu au niveau du bassin pendant plusieurs heures.

Ce qu'on aime : le resserrement du bassin contribue à remettre en place les muscles, les organes et le bassin rapidement et limite le risque de diastase. De plus, il permet de diffuser et contenir la chaleur nécessaire à la maman pour restaurer ses forces. En outre, se sentir contenue procure une sensation très réconfortante alors que le corps est lâche. Pour bénéficier de ses propriétés dès votre accouchement, il faudra vous rendre au chapitre 25 de la partie V.

Pour s'y préparer

- Il faut s'assurer d'avoir dans sa valise de maternité ou chez soi un long tissu (type paréo) que l'on pourra utiliser le jour J, et qui, si possible, ne craint pas trop les taches…
- Il faut s'assurer aussi d'avoir trouver une personne qualifiée afin que le bandage soit placé de la bonne manière. La zone du serrage est très importante à respecter.

Prévoir la ceinture Physiomat ou votre châle *rebozo*, car ils seront utiles dès la seconde où l'on posera le pied par terre et pour les moments où l'on reste debout par la suite.

L'automassage

Quand ? Dès la naissance : au moins pour la tête, les pieds, la nuque et les bras.

Naturelles et saines, les huiles végétales vont devenir les meilleures amies de votre peau et de votre bien-être. Vous pourrez les intégrer à votre nouvelle routine, par exemple à la sortie de votre douche, pendant toute la durée de votre Mois d'Or et peut-être au-delà.

Préparez des mélanges pendant la grossesse pour les appliquer pendant le Mois d'Or. Vous les trouverez en page 99. Un automassage dure au moins cinq minutes.

N'attendez pas d'être dans des conditions optimales pour vous faire du bien. Un automassage peut se pratiquer à tout moment et même par-dessus vos vêtements. Dès que vous ressentez une petite tension, massez-vous !

Ce qu'on aime : un automassage présente plusieurs avantages. Celui d'abord de se réapproprier son corps, de le détendre, le nourrir et le protéger. En effet, les huiles et les beurres végétaux créent un filtre sur votre peau qui l'isole du froid. Et comme vous le savez, le froid n'est pas vraiment l'allié de votre période postnatale.

Quelques bulles bien-être à mettre en place…

Pendant le sommeil de votre bébé et/ou quand une personne de confiance veille sur lui.

- **Le bain d'eau chaude :** comme il est stressant de devoir se doucher en mode commando quand votre bébé vous réclame à cor et à cri. Alors que la douche, le bain, ou les soins du corps peuvent être un vrai moment de ressourcement. Ils calment les tissus du périnée et agissent contre les inflammations. Afin que ces ingrédients se diffusent, on parsème une eau très chaude de gros sel, d'huile essentielle de lavande mélangée au préalable à de l'huile de jojoba. Pendant votre bain, prévoyez une tisane bien chaude, ce qui renforcera encore la chaleur et la transpiration de votre corps et encouragera l'évacuation des toxines. Il est possible d'ajouter des herbes (feuilles de calendula, feuilles de plantain, de framboisier) placées à l'intérieur d'un vieux gant de toilette à tremper dans l'eau bien chaude. L'alchémille serait la plante de la période postnatale à faire infuser pendant une heure avant de la verser dans l'eau du bain. Veiller à bien se couvrir en sortant.

Dans l'idéal, les bains se pratiquent à la fin du Mois d'Or, au mieux, quand les pertes de sang se terminent. En cas de césarienne ou d'épisiotomie, le bain ne se pratique qu'à partir de la cicatrisation complète de la plaie.

- **Le bain de pieds :** facile et rapide à mettre en place ; dans une bassine, de l'eau chaude avec du gros sel associé à de l'huile essentielle de lavande mélangée à de l'huile de jojoba ou d'amande douce.

- **Le cataplasme :** pâte d'herbes, d'huile et d'épices tonifiantes (voir la composition p. 97) à appliquer généreusement sur le ventre en descendant jusqu'au pubis pour raffermir la peau. Envelopper ensuite d'un linge humide et chaud (qui ne craint pas les taches !). Connu des médecines traditionnelles, il est encore possible de le préparer soi-même. Les oligoéléments présents dans la poudre vont pénétrer dans la peau et agir profondément au niveau du corps tout entier. Il est conseillé de le pratiquer deux à trois fois par semaine. Pour celles qui ont subi une césarienne, il faudra attendre la cicatrisation complète de la plaie.

- **Des petits déjeuners revitalisants** de type « miam aux fruits » revisité pour les jeunes mamans. Une demi-banane (cuite à la poêle !) saupoudrée de cannelle, d'oléagineux (au choix de purée d'amandes, beurre de cacahuètes, purée de noisettes), de graines de lin, de sésame ou de courge, de deux cuillères à café d'huile de sésame crue. Les huiles sont excellentes pour hydrater les tissus de la jeune maman. Ajouter le jus d'un demi citron. Verser du lait végétal ou un yaourt sur l'ensemble.

- **Une relaxation** (seule ou avec un audio).

- **Marcher pieds nus dehors** : au-delà d'une simple tendance actuelle, cette pratique aurait de multiples vertus reconnues scientifiquement* : elle donne un coup de fouet à tous les systèmes du corps en nous envoyant un flot d'électrons bénéfiques émanant du sol et en favorisant l'élimination des radicaux libres. À pratiquer seulement lorsque les températures sont clémentes.

Avant la date du terme, prenez le temps de noter sur papier ce qui vous fait du bien et que vous aimeriez mettre en place

---

* Clinton Ober, Stephen Sinatra et Martin Zucker, *Connectez-vous à la terre – Peut-être la découverte la plus importante sur la santé !*, Véga, 2013.

ou recevoir durant les quarante jours. Par exemple : des câlins, des massages, des regards, des rituels…

L'un des principaux apports de la médecine chinoise pour la jeune mère est l'importance du chaud. Pour cela, un conseil facile à mettre en pratique est de garder pieds et ventre au chaud. Enroulez votre ventre dans un tissu épais. Trouvez le tissu qui vous convient et que vous pourrez porter chez vous tout au long du Mois d'Or.

Bien entendu, ces ressources de bien-être sont à intégrer à votre liste de naissance. Par exemple, pourquoi ne pas suggérer de vous offrir un voire plusieurs massages ou des heures de ménage à domicile ?

Les mélanges d'huiles

À préparer pendant la grossesse pour les appliquer durant le Mois d'Or.

- **Pour les automassages :** 1 cuillère à soupe d'huile de coco + 1 cuillère à soupe d'huile de jojoba + 2 à 3 gouttes d'huile essentielle de rose. Conserver dans un flacon opaque.

- **Pour nourrir la peau et atténuer les vergetures :** 1 cuillère à soupe d'huile d'onagre/arnica + 1 cuillère à soupe d'huile de germe de blé. Si la peau présente des vergetures, l'idéal est d'imbiber un morceau de tissu de ce mélange et de le fixer sur la vergeture à l'aide d'un sparadrap. De cette façon, la peau pourra absorber l'huile de façon prolongée.

- **Pour réaliser un cataplasme :** 3 cuillères à café de cumin + 3 cuillères à café de curcuma + 3 cuillères à café de gingembre + 3 cuillères à café de cannelle + 3 cuillères à café de poudre de clous de girofle + 6 cuillères à soupe d'huile de sésame. Conserver dans un contenant hermétique. Attention au curcuma qui est très tachant.

Privilégiez des produits 100 % biologiques issus des huiles de première pression à froid.

12

S'organiser grâce à son cercle de soutien

Tout cela est très tentant, nous direz-vous, mais comment trouver le temps de m'offrir un massage, ou tout simplement de dormir à ma guise, si je suis seule à la maison pour prendre soin de mon bébé ? Encore une fois, prenez le temps de discuter avec votre conjoint ainsi qu'avec votre entourage sur votre vision de l'après-naissance.

Si votre conjoint doit reprendre rapidement son activité, il est intéressant de réfléchir à l'idée d'engager une aide ou une doula postnatale et/ou de mettre en place un planning de soutiens. La doula est une femme qui propose un accompagnement non médical durant la période de la grossesse, de l'accouchement et postnatale. Ce métier est très développé à l'étranger, en particulier aux États-Unis et au Royaume-Uni. Le rôle d'une doula consiste à soutenir la jeune maman physiquement et moralement.

L'essentiel de la période postnatale se joue en effet sur les ressources humaines. Des personnes présentes, c'est une garantie de temps de pause, d'une plus grande récupération, de repas chauds, de ne pas être obligée de vous lever pour changer votre bébé. Ce qui vous demanderait des efforts alors qu'il est médicalement préconisé à cette période de rester allongée le plus possible et de préserver la zone du périnée*.

C'est aussi la garantie de temps de toilette et d'hygiène sereins pour éviter une infection. Si vous avez eu une épisiotomie, il faudra par exemple passer la cicatrice sous le pommeau de la douche. Cela n'a l'air de rien à la lecture, mais dans les faits, c'est assez contraignant. Une présence est un moyen de pallier les débordements émotionnels en montagne russe, à la solitude et à l'isolement qui nourrissent les ruminations et la dépression. Et surtout, de reconnaître votre extraordinaire travail. Dans cette phase de transformation, être entourée permet d'extérioriser, de dire, de verbaliser. Guru Jagat Kaur est accompagnatrice en périnatalité dans la voie du Kundalini yoga qui sacralise cette période. Elle explique ainsi que « les personnes en soutien jouent notamment une fonction de reconnaissance du travail de la mère ».

Même si votre compagnon est disponible, s'entourer d'une personne qualifiée comme une doula dans l'accompagnement postnatal est positif. Non seulement elle déchargera le papa de certaines tâches mais sera un relais rassurant dans les moments de doute et de questionnement.

De plus, des amis pour vous aider, une amie chère en permanence à la maison pendant plusieurs jours, des parents s'ils sont disponibles, une cousine, une tante à qui proposer de venir passer quelques jours et partager ces précieux moments sont autant de soutiens sur lesquels on peut compter.

Si vous manquez de soutien, que vous débarquez fraîchement dans une nouvelle région, regardez du côté des associa-

* Bernadette de Gasquet, *op. cit.*

tions de jeunes mamans ou des cercles de femmes à proximité de chez vous accessibles via les réseaux sociaux. Sur le plan financier, les frais peuvent être couverts par une cagnotte, par exemple, à l'engagement d'une doula ou en dédommagement d'une amie qui met entre parenthèses ses activités pour venir vous aider. En Chine, les familles économisent ainsi des mois pour bénéficier d'une aide en vue de la période postnatale.

Toutefois, il faut savoir doser et ajuster vos besoins d'aide. On ne fait pas entrer n'importe qui chez soi. Si votre entente avec votre conjoint est parfaite, même et surtout dans les moments de fatigue et de stress, s'il dispose des ressources et du temps suffisant pour vous soutenir durant la totalité de cette période de quarante jours, peut-être préférerez-vous rester ainsi en vase clos.

Cependant, une tierce personne est précieuse. Précieuse pour que le papa reprenne lui aussi son souffle et profite de moments d'intimité ensemble. Entre la déclaration de naissance à la mairie, les différents produits de pharmacie à acheter, les courses, les repas à préparer, le programme va vite se charger. Lui aussi aura besoin de moments de calme. D'autre part, il faut qu'il soit vraiment présent à vos côtés, au risque, sinon, de vous sentir un peu seule en dépit de sa remarquable implication. Il est important que son énergie se consacre à vous et à votre bébé. Envisager la présence d'amis ou de famille pour assurer, par exemple, la préparation des repas en coulisse sera un service non négligeable. Bien sûr, il faudra également les sensibiliser à leur mission. Ils prennent une part de responsabilité dans l'aventure du Mois d'Or.

Les qualités d'un bon soutien

Les personnes en soutien feront preuve de savoir-être. Vous y serez sensible après l'accouchement. Assurez-vous qu'elles sont là pour vous aider et non pour discuter ou simplement câliner votre bébé. Dans ces moments, on n'a pas envie de parler mais d'être tranquille. De plus, soyez suffisamment proche de ces personnes pour ne pas craindre de leur exposer vos états d'âme et votre vulnérabilité.

D'après Guru Jagat Kaur, une personne « vraiment » aidante réunit les qualités suivantes : le dévouement, la bienveillance, l'investissement, c'est-à-dire la capacité de donner des coups de main concrets, comme passer le balai ou l'aspirateur, ranger votre chambre ou préparer un repas. Il lui faut savoir être à la fois active et discrète en sachant se retirer dans les moments d'intimité de la famille. Être présent pour faire ce qu'il y a à faire mais s'effacer quand c'est le moment.

Au préalable, avant la naissance, il est judicieux que vos soutiens se familiarisent avec la maison. Pourquoi ne pas prévoir une visite en amont pour inspecter les tiroirs (rangements divers : draps, balais, produits ménagers, ustensiles de cuisine). De façon très concrète, cela leur permettra de prendre des initiatives sans venir vous demander toutes les deux minutes où se trouvent la passoire, les sacs-poubelles ou la serpillière.

À chaque couple d'articuler ce mois en fonction de ses conditions de vie : est-ce que la présence d'un tiers en permanence est quelque chose d'envisageable pour votre conjoint et vous-même ? Votre habitat permet-il d'héberger une personne supplémentaire ? Quelles seraient les solutions d'hébergement à proximité ? Seriez-vous prêts à y consacrer un budget ? Pourriez-vous prendre en charge une partie ou la totalité du budget de déplacement de cette personne ?

Il existe aussi des réseaux de soutien postnatal pour trouver des personnes disponibles*.

Mise en place du planning des soutiens

L'idéal consiste à convenir avec chacun d'une période de séjour à partir de deux semaines avant la date du terme au cas où votre enfant arriverait plus tôt, puis de créer un planning. Il doit être validé entre un et deux mois avant l'accouchement. Comme mentionné ci-dessus, il est intéressant que vos soutiens connaissent déjà les lieux et les rangements.

Il est conseillé d'établir une liste des coordonnées des personnes clés (sage-femme, conseillère en lactation, amie expérimentée, ostéopathe…) à coller sur le réfrigérateur.

Oser demander, apprendre à recevoir

Dans notre culture de la performance et de l'autonomie, demander de l'aide n'est pas toujours chose aisée. Nous n'aimons pas nous sentir redevables. Ajouter à cela des règles de politesse qui nous amènent à énoncer le contraire de ce que nous voulons et on se retrouve seule.

Enceinte de notre premier enfant, on imagine ces demandes un peu déplacées. Croyez-nous, ce n'est pas le cas. Dès la naissance, ce besoin sera imminent. Prenez donc le temps de rencontrer votre petit en mode « ocytocine » et laissez à d'autres le soin des tâches domestiques. Souvent, nous n'osons pas accepter des propositions et encore moins les demander : « Oh, quand même, je ne me vois pas lui demander

---

* Voir en annexe dans le chapitre « Ressources ».

de laver mon linge sale », « elle est déjà tellement occupée, je ne vais pas lui ajouter ça ». C'est dommage, car vous avez peut-être autour de vous des personnes heureuses de rendre service. Nous n'avons rien à prouver, nous ne sommes pas censées être en concurrence les uns avec les autres. L'enjeu pendant ce mois post-accouchement est de récupérer, non pas d'assurer et de montrer de quoi on est capable par la seule force de la volonté, et encore moins de « tenir ».

Vous aurez rassemblé toutes vos forces lors de l'accouchement. En dépit de cet effort colossal, vous continuerez à faire tout votre possible pour répondre aux exigences de votre bébé. Mais ne restez pas seule. Un soutien concret et aimant favorise votre expérience des débuts avec votre bébé. C'est bon pour le lien à votre enfant et pour votre confiance en vous. C'est aussi la promesse de souvenirs inoubliables avec ceux qui vous sont chers.

Empowerment et sororité

Empowerment est un terme anglo-saxon intraduisible en français. Il a beaucoup à voir avec le fait de connaître sa propre valeur et par conséquent de se responsabiliser et d'oser. On peut le comprendre comme « l'acte de faire entendre sa voix, de prendre du pouvoir sans attendre une autorisation ». En tant que femmes, l'*empowerment* joue un rôle important dans le fait de prendre conscience de nos différences et des droits qui découlent de ces différences. Nous sommes les égales des hommes, mais nous n'avons pas les mêmes besoins qu'eux dans ces moments de vie spécifiques : l'accouchement et les suites de couches en sont la démonstration. Être consciente de ses besoins, oser demander, est un levier en faveur d'aménagements au bénéfice de notre santé mentale, physique, émotionnelle et morale. Vous avez de la valeur, vous êtes une personne précieuse et unique en ce monde. Au moment de votre accouchement et pendant les quarante jours suivants, personne n'aura plus de valeur que vous.

D'autre part, le développement de la sororité, désignant le sentiment de fraternité spécifique aux femmes, est, sur le long terme, d'une importance vitale pour envisager un avenir apaisé de nos sociétés. La période postnatale est peut-être le moment de remettre cette dynamique du don au cœur des relations entre les hommes et les femmes. La création de communautés de parents bienveillants est vitale. Quand vous demandez de l'aide à une femme, sachez que quelque part, vous vous adressez à une facette de vous-même. Donc, n'ayez pas peur.

Aux Pays-Bas

Aux Pays-Bas, il existe des soins de maternité entièrement financés par l'État uniques au monde : les femmes restent à peine une journée à l'hôpital avant de rejoindre la maison où elles bénéficient d'une professionnelle… en or. Cette aide est appelée *kraamverzorster*, que l'on pourrait traduire comme « après-l'accouchement ». Cette professionnelle ne connaît pas d'équivalent en France. En effet, les *kraamverzorster* ont des compétences à la fois en puériculture mais également en matière de ménage et de cuisine. Pendant cette période, elle contrôle la santé du bébé et celle de la maman : température, points de suture, saignements… Si elle s'aperçoit d'une éventuelle complication ou d'un problème, elle alerte le médecin généraliste ou la sage-femme. Elle accompagne pour donner le bain, changer les couches, faire le lit, prodigue des conseils pour l'allaitement. Elle est à l'écoute des éventuels problèmes et difficultés et fait tout son possible pour soutenir la jeune mère durant cette période. Le nombre d'heures standard est de quarante-neuf heures de présence pour une durée de huit jours, soit environ six heures par jour. Toutefois, en cas de difficultés, par exemple une situation familiale instable, des complications après l'accouchement, un rétablissement long ou une césarienne, cette durée peut être allongée.

> « J'ai été ravie d'apprendre pendant ma grossesse que j'avais droit aux soins maternité à la maison. Je n'avais ni mère ni belle-mère à proximité pour m'aider et me conseiller dans la période après l'accouchement. Ce fut vraiment un cadeau du ciel. Surtout après la naissance de ma première fille, ma puéricultrice était formidable. » (Nathalie)

Cette profession constitue une excellente alternative en étant largement moins coûteuse à l'État qu'un séjour à l'hôpital et plus profitable aux parents, en particulier pour la jeune maman qui retrouve ses repères et se trouve assurée d'un soutien.

13

Nourrir et préparer son esprit

Pour nourrir votre esprit, vous inspirer et vous préparer, le rite du *blessing way* est très positif. Voici également une visualisation sur le Mois d'Or et une méditation sur le féminin sacré.

La force du *blessing way*

Le rituel du *blessing way** (la voie de la bénédiction) se popularise depuis quelques années en Europe. Issu des traditions amérindiennes navajos, il est organisé par les proches d'une femme enceinte, parfois à sa demande. Le but est de l'accompagner dans son chemin de maternité, de lui donner la force et la confiance pour l'accouchement. Il s'agit d'un soutien physique, mental et émotionnel. Ce rituel éveille la sororité sur le plan énergétique. Soins du corps, chants, yoga, méditation, parole authentique, c'est un message d'amour adressé à la future maman.

---

* Nathanaëlle Bouhier-Charles, *Blessing way, rituels d'aujourd'hui pour célébrer la grossesse et la naissance*, La Plage, 2013.

Visualisation du Mois d'Or

Cette méditation est disponible en version audio*.

Fermez les yeux et transposez votre esprit vers le Mois d'Or.

Posez les plus belles intentions. Maintenant, vous êtes dans votre espace de maternage chaleureux, ce petit corps tout chaud lové contre vous. Votre partenaire est avec vous, il vous sourit tendrement. Vous savourez la merveille d'être ensemble. Votre esprit est calme, serein, votre cœur est empli d'amour. Vous vous sentez entourée, soutenue, confiante.

Vous vivez un Mois d'Or rayonnant.

Vous sentez que même si tout ne sera pas parfait, ce sera une période exceptionnelle. Vous reconnaissez que vous mettez toutes les chances de votre côté pour le vivre au mieux. Par cette simple attention, laissez émerger une profonde gratitude envers vous-même et envers la vie.

Méditation du féminin sacré

Voici une méditation assortie d'une visualisation créatrice proposée par Sofia Stril-Rever** sur le féminin sacré, à pratiquer pendant votre grossesse.

---

* *Ibid.*

** Indianiste, conférencière, enseignante spirituelle, auteure de quatre livres avec le dalaï-lama et du *Testament spirituel de sœur Emmanuelle*, directrice du programme BetterWeBetterWorld (www.betterwebetterworld.org).

1. Respirer l'un à l'autre, l'un pour l'autre, l'un en l'autre

Je place mon attention sur la respiration, mouvement source de la vie qui m'unit au souffle de tous les êtres et au grand souffle de l'univers.

Les vagues successives de l'inspiration et de l'expiration me bercent et bercent l'enfant qui grandit en moi. J'approfondis ma respiration et, au rythme régulier de son va-et-vient, j'unis ma conscience à la conscience de mon enfant.

Sur l'inspiration, nous nous ouvrons ensemble à la vie, lorsque l'air filtré par les narines entre et descend au contact avec la matrice, à la racine du souffle, sous le nombril. Nous nous laissons inonder tous les deux au plus profond du flux de l'air vivifiant, porteur d'harmonie, de douceur, de paix.

Sur l'expiration, nous exhalons les tensions, les crispations, les peurs, les négativités, pareilles à des nuages sombres que le vent du souffle chasse au loin. Nous goûtons la joie, la légèreté du lâcher-prise confiant. Nous nous abandonnons l'un à l'autre, l'un pour l'autre, l'un en l'autre.

2. Le don de la vie

Une nouvelle vague d'inspirations nous comble de la force de vie puisée, sous forme d'oxygène, dans les forêts et le manteau végétal à la surface de la terre, dans le plancton absorbant la lumière du soleil filtrée par l'eau des océans.

Mon enfant et moi fixons dans notre sang l'oxygène indispensable à la vie, grâce aux molécules de fer, remontant de l'explosion d'étoiles lointaines, en des temps immémoriaux.

Puis, sur la vague de l'expiration, nous redonnons le dioxyde de carbone métabolisé dans notre sang, chargé de nos rêves, nos affects, nos amours. Au sein de l'immense champ quantique d'échanges symbiotiques, les arbres, les plantes, les mers du monde et le soleil respirent dans nos cellules. De même, dans le grand cycle de la vie, notre souffle nourrit les plantes, l'air, les nuages et les océans. À chacune de nos respirations, toute l'histoire de la vie terrestre depuis 4,5 milliards d'années s'inhale et s'exhale dans l'arborescence de nos poumons, à travers nos narines.

Prendre et donner, recevoir et partager, accueillir et offrir... nous communions dans cette réciprocité, qui caractérise l'intelligence miraculeuse du vivant.

J'approfondis en conscience mes respirations qui m'unissent à mon enfant et qui nous unissent à la vie universelle.

Chacune de nos milliards de cellules contient la totalité de la vie, comme la goutte d'eau contient tout l'océan.

3. Célébration du féminin sacré

Les vagues successives de l'inspiration et de l'expiration ne se limitent pas uniquement à un échange gazeux ni à des réactions chimiques. Je réalise en conscience l'énergie maternelle du don de la vie, en moi et à travers moi. La puissance créatrice du féminin irrigue chaque cellule de mon corps. J'ai reçu de ma mère cette force de femme. Et ma mère l'avait reçue de sa propre mère. Dans le lignage féminin, je me relie à la mémoire fondamentale du don de la vie, venue du fond des âges et transmise par des générations de femmes.

Je communique à l'enfant que je porte la mémoire du cœur de la vie, qui palpite en mon cœur et bat en son cœur.

Tout comme j'éprouve une joie indicible de la vie nouvelle, unique et singulière, en gestation dans mon ventre, ainsi ma mère a-t-elle connu pareille joie. Et avant elle, la mère de ma mère, et toutes les femmes qui ont donné, qui donnent et qui donneront la vie.

4. Tendresse du féminin sacré

La mémoire de la vie est tendresse. Je retrouve en moi cette tendresse fondamentale. Elle rayonne dans chaque fibre de mon ADN, programmé pour transmettre la tendresse du féminin sacré qui est la vie de la vie.

Une tendresse qui coule dans mes veines et que j'exprime chaque fois que je pense à l'enfant qui grandit en moi.

Une tendresse que je manifeste dans chacun de mes gestes pour assurer son bien-être.

Une tendresse que je ressens aussi à l'extérieur de moi, dans la vaillance du brin d'herbe qui pousse vers la lumière, dans la fleur que caresse le soleil, dans l'escargot à l'abri de sa coquille, dans l'insecte éphémère, dans l'oiseau fendant le ciel, dans l'eau jaillissante, dans le caillou posé sur le chemin, dans la montagne aux neiges éternelles et dans l'étoile scintillant au firmament… une tendresse présente au cœur de tous les vivants humains et non humains, qui partagent l'aventure de la vie terrestre.

5. Faire rayonner le féminin primordial

J'imprègne chacune de mes respirations de cette tendresse du féminin primordial.

Mon ventre se soulève avec tendresse, sur l'inspiration, et s'abaisse avec tendresse, sur l'expiration. Chaque vague d'inspirations et d'expirations est un flux et un reflux, dans le ressac d'un océan maternel d'amour incommensurable.

Mon enfant et moi voguons au rythme doux et puissant de cet amour.

Heureux et paisibles, nous nous abandonnons corps et âme à la vie qui nous anime de l'intérieur.

Nous demeurons dans cette conscience lumineuse, apaisée, unifiée.

Je goûte la paix, la joie d'être présente à moi-même, présente à mon enfant, et je partage l'énergie positive de cette méditation du féminin sacré avec tous les vivants :

« Comme une mère, au péril de sa vie, protège son enfant, son unique enfant,

Ainsi, ouvre ton cœur à l'infini de tous les êtres vivants !

Rayonne la bienveillance envers le monde entier !

Ouvre ton cœur dans toutes les directions.

En haut, en bas et tout autour, sans limites*. »

---

* Vers extraits du *MettaSutta*, « Le Soutra de l'amour ».

III

Bien vivre la naissance

Attendu, fantasmé ou redouté, l'accouchement est un moment rare au cours de la vie d'une femme. De par son intensité physique et émotionnelle, il se démarque de la vie ordinaire. L'arrivée d'un enfant est un bouleversement.

En France, la naissance est considérée par la majorité comme « un mauvais moment à passer » pour vivre enfin la rencontre avec votre enfant, éclipsant l'importance de cet épisode. Son vécu influence de manière déterminante la façon de vivre la suite. Ce livre se veut aussi une proposition pour envisager la naissance à travers d'autres prismes.

L'accouchement, un chemin initiatique

L'intensité du travail pendant l'accouchement modifie l'état psychique de la femme. Elle est conduite dans un espace inconnu pour traverser un monde qui ne lui est pas familier. L'accouchement est « un commencement », un plongeon en soi. En cela, il est un rite d'ordre initiatique*.

De ce passage résulte une transformation irrémédiable. La naissance achève la grossesse et marque les débuts de la vie de mère, voire son entrée dans la lignée des mères si cet accouchement est celui du premier enfant. Les premières secondes

* Initiatique vient du latin *initiare* qui signifie « commencer », *initium* « début » et d'*in ire* « s'avancer dedans ».

de la naissance correspondent aux prémices des quarante jours, pendant lesquels le nourrisson va s'éveiller à sa nouvelle vie, faite de lait, de contact et de chaleur. Quarante jours où les parents tout neufs se laisseront apprivoiser par ce petit être et ses besoins d'amour et de quiétude. Un mois de parenthèse où la jeune mère pansera ses plaies, rassemblera son corps dispersé, où toute la cellule familiale, dans ce chaos créatif, s'essaiera à de nouveaux équilibres.

14

Que signifie « bien vivre son accouchement » ?

Doux, douloureux, dur, violent, extatique, les avis sur l'accouchement diffèrent. Une naissance qui « s'est bien passée » sur le plan clinique ne signifie pas forcément qu'elle a été bien vécue par la mère. Ce décalage vient du fait qu'un accouchement modifie en profondeur la structure psychique d'une femme qui, dès les premières contractions, met en jeu sa capacité à devenir mère.

Ainsi, la nuance entre un accouchement qui s'est bien déroulé et un accouchement bien vécu est de taille. Alors que certaines oublient facilement les difficultés, d'autres ne les oublient pas. Il est courant que le vécu intérieur de la maman soit délaissé ou occulté par l'entourage et même refoulé par elle-même, au profit de la découverte de ce nouveau bonheur : le petit est en bonne santé, la maman semble bien se porter alors… tout va bien !

Pourtant, les complications, une césarienne en urgence, le recours au forceps, une épisiotomie difficile à supporter, des actes, des mots interprétés ou ressentis comme un manque de respect de la part du personnel médical, l'épuisement causé par de longues heures de travail laissent parfois un malaise susceptible de se transformer en souffrance.

Pour d'autres, la difficulté réside dans l'écart, difficile à accepter, entre l'accouchement dont elles rêvaient et celui réellement vécu. Un malaise souvent tu. Comment l'évoquer alors que le bonheur de la naissance occupe toute la place, que les regards se tournent dorénavant du côté du bébé bien plus que vers la jeune maman qui, pourtant, a traversé brillamment cette immense épreuve ? Alors que la femme joue la carte de la maternité, pressentant la responsabilité et la puissance de ce qu'il advient, ces états intérieurs sont tout sauf superficiels ou anodins.

Accoucher en France aujourd'hui

Rappelons les faits : en 2016, 780 000 bébés ont vu le jour. 1 % des naissances ont eu lieu en dehors de l'hôpital : en maison de naissance, à domicile ou en chemin vers l'hôpital. Un accouchement a été déclenché chez 27 % des primipares (les femmes enceintes pour la première fois) et 20,7 % pour les multipares. 82 % ont reçu une anesthésie péridurale et 20 % une épisiotomie – cette ouverture pratiquée, le plus souvent en oblique, dans le périnée à partir de l'orifice vulvaire est censée faciliter l'expulsion du bébé et prévenir une déchirure plus grave. Elle est davantage pratiquée pour le premier accouchement (34,9 %) que pour les suivants (9,8 %). Voici pour les statistiques brutes.

Plus précisément, on observe que, d'une structure à l'autre, les pratiques s'avèrent très différentes. Les chiffres recensant les césariennes, les péridurales et les épisiotomies sont radicalement différents entre deux établissements.

Voici une donnée intéressante : le journal *Le Monde*, dans sa version en ligne, en collaboration avec la Fédération française de réseaux de santé en périnatalité (FFRSP), met à disposition un accès aux chiffres et aux statistiques des pratiques d'épisiotomie, de péridurale et de césarienne dans chaque maternité de France en 2016, vous éclairant ainsi sur les pratiques des maternités de votre secteur*. Les différences sont très significatives et interpellent, fluctuant de 50 à 92 % de poses de péridurale et de 16 à 55 % concernant la pratique de l'épisiotomie pour le premier enfant**.

Accouchement et Mois d'Or : créer un cercle vertueux

Un bon départ est favorable pour la suite. Autrement dit, l'accouchement bien vécu – qui ne s'est pas forcément déroulé comme on s'y attendait – mais qui *in fine* est compris, accepté, digéré, a une incidence sur la période postnatale.

Comment être disponible à la relation avec son bébé lorsqu'on peine à se remettre de cette épreuve, que l'on se sent si fatiguée ? Cette fatigue est susceptible d'affecter le bébé. Il peut arriver, ce n'est pas systématique, que l'état de fatigue de la mère soit tel que sa capacité à accueillir les pleurs de son nourrisson et à y trouver des réponses appropriées soit altérée. Le bébé pleurera alors d'autant plus, épuisant encore davantage la mère.

---

* www.lemonde.fr/les-decodeurs/article/2018/01/31/nombre-d-accouchements-taux-de-cesarienne-ou-d-episiotomie-comparez-les-maternites-pres-de-chez-vous_5249599_4355770.html.

** En Suède, le taux d'épisiotomie est inférieur à 6,6 %, tandis qu'aux États-Unis le taux est passé de 70 % en 1983 à 19 % en 2000.

Moins un accouchement a été facile et « bien vécu », plus il sera capital de vivre pleinement son Mois d'Or en étant soutenue ! Le repos physique et mental en vue de la récupération est capital. En médecine chinoise, le temps classique du Mois d'Or qui s'échelonne entre vingt-huit et trente jours est étendu à quarante jours quand l'accouchement a été difficile. D'après cette tradition, le temps de la guérison et de la récupération de la jeune mère est alors essentiel, car il influence sa santé corporelle pour le restant de ses jours.

De plus, cette période influe sur la relation avec le bébé qui n'a pas à porter la souffrance de l'accouchement si celui-ci a été difficile. Prenez le temps de vous remettre, c'est important pour vous comme pour lui.

L'objectif est donc d'instaurer un cercle vertueux : une expérience de l'accouchement comprise et acceptée, pour une meilleure santé mentale et physique afin d'entretenir une qualité de relation satisfaisante au bébé et une récupération optimale pour soi-même.

Bien vivre la naissance est source d'accomplissement intérieur, de confiance et d'énergie. C'est un atout pour embrasser la suite, en étant plus disponible.

Par ailleurs, œuvrer pour diminuer les risques de traumatisme à cause de l'accouchement sera profitable à tous.

Dans ce chapitre, voici quelques pistes pour vous accompagner vers un accouchement respecté et la mise en place des meilleures dispositions possibles pour tenter de bien vivre ce temps de naissance qui est tout de même l'aube du Mois d'Or.

15

Être bien accompagnée

Que signifie « bien vivre » son accouchement ? Bien vivre son accouchement reste subjectif, car cette notion ne dépend pas de facteurs mesurables, le niveau de satisfaction tiré de l'expérience ne dépend pas uniquement des circonstances réelles. En plus des faits bruts, se mêlent nos propres croyances et représentations : des peurs, des attentes, des images, des mémoires qui jaillissent.

Quel est le témoignage des femmes à propos de ce qu'elles ont mal vécu ?

- L'impression d'être passée à côté et de ne pas sentir son corps, en particulier au moment de l'expulsion causée par une péridurale surdosée.
- Sentiment de s'être fait « voler » ou « déposséder » de son accouchement alors qu'elles aspiraient à se sentir entendue.
- L'impression de subir des actes médicaux non justifiés : épisiotomie de confort, comportement intrusif, forceps, ventouse ou césarienne décidés de manière rapide sans concertation.

- Ne pas s'être sentie soutenue et considérée dans ses choix pour accoucher sans péridurale et avec une liberté de mouvement.

Bien vivre son accouchement est étroitement lié avec le sentiment d'être comprise et respectée dans ses besoins, ses choix et ses sensations. Dans l'idéal d'un projet d'accouchement physiologique, un accompagnement de qualité soutient la femme afin qu'elle aille au maximum de ses possibilités. Nombreuses sont celles confiant leur regret d'avoir finalement eu recours à la péridurale, cédant aux propositions récurrentes du personnel accompagnant, alors qu'elle ne la demandait ni ne la souhaitait au départ. Elles confient ne pas s'être senties accompagnées dans leur désir alors qu'elles auraient eu besoin d'être épaulées, encouragées, rassurées sur leur capacité à traverser la douleur.

Car si un accouchement ne se passe pas toujours comme prévu, dans ce tourbillon, chaque femme demeure actrice de la manière dont elle souhaite le vivre de l'intérieur, signifiant ainsi qu'il appartient à chacune de se positionner.

Ainsi, le Ciane*, à travers des études menées auprès de nombreuses femmes ayant accouché, révèle qu'un accouchement sans écoute ni dialogue avec les personnes accompagnantes, sans connaissances ni informations, présente davantage de risques de faire naître des souffrances psychologiques pour la femme. Cette étude met au grand jour la relation entre le vécu de l'accouchement déclenché et le respect (ou non) des obligations d'information et de consentement.

---

* Ciane : Collectif interassociatif autour de la naissance.

En effet, les femmes qui ont reçu une information sur leur déclenchement ont vécu leur accouchement de manière très similaire aux femmes dont l'accouchement a été spontané : 22 % l'ont mal ou très mal vécu contre 19 % pour les accouchements spontanés. À l'inverse, celles qui n'ont pas été informées sont 44 % à signifier l'avoir mal ou très mal vécu*. La conclusion du Ciane est très claire : le collectif encourage les femmes à élaborer et exprimer leur demande. S'informer en amont est indispensable.

Vivre pleinement son accouchement

Si vous apprenez que votre enfant doit naître par césarienne, vous pouvez tout à fait l'accompagner dans ce processus et vivre en conscience cet accouchement qui est le vôtre. Dans cet esprit, même une femme qui ne sent pas ses contractions parce que sa péridurale a été trop dosée peut développer une vraie connexion intérieure à son bébé et à son corps. Certes, plus subtile et moins palpable, mais réelle.

« Passer à côté de son accouchement » dépend donc moins de son déroulement factuel que de la conscience à travers laquelle il est vécu ainsi que l'écoute et le dialogue avec les accompagnants. À la veille de votre accouchement, posez cette intention de vivre pleinement votre accouchement, quoi qu'il se passe. Et surtout, ne vous mettez pas de pression ! Vous serez parfaite quoi qu'il arrive.

---

* Communiqué de presse « Dossier déclenchement, l'importance cruciale du consentement », 14 décembre 2015, Ciane.

Le pouvoir de l'acceptation : se positionner sans lutter

Jusqu'à un certain seuil, le vécu est influencé par nos positionnements et nos relations avec le personnel accompagnant. Mais quand les événements ne se déroulent pas comme on l'imaginait, bien vivre son accouchement se joue à l'intérieur de soi : il faut choisir entre lutter et forcer, ou consciemment – lâcher, accepter.

Acceptation ne signifie pas passivité et soumission. À l'inverse, se positionner et se faire respecter n'est pas synonyme de résistance ou de violence. Le secret réside dans cet équilibre entre positionnement et fluidité. Cette voie du milieu est une des clés de l'accouchement, même avec des circonstances difficiles. « Parfois, lâcher prise est un acte plus puissant que se défendre ou s'accrocher », dit le philosophe Eckhart Tolle. Il s'agit de rester fluide pour suivre le courant de la vie, quand résister serait davantage source de souffrance. Cela dit, cette posture n'est envisageable que grâce à certains appuis d'écoute et de respect.

Si l'accouchement a été difficile

Si votre expérience de l'accouchement se révèle insatisfaisante ou douloureuse, prenez le temps de comprendre ce qui est arrivé afin de l'accueillir puis de le nommer. Nous avons besoin de verbaliser pour donner du sens à ce passage de notre vie.

Certains espaces pourront accueillir votre parole. Votre récit deviendra thérapeutique et permettra d'élaborer votre expérience : les cercles de femme, les tentes rouges, l'accompagnement postnatal auprès de professionnels en individuel ou en groupe, le rituel du *rebozo**. Il existe aussi des pratiques de restauration du rapport à son corps, un travail sur « le périnée psychique** » et sur le féminin.

---

* Voir p. 217.

** Terme employé par Ariane Seccia, sage-femme spécialisée dans la grossesse psychique et le travail sur les peurs autour de la naissance.

16

Se préparer à donner naissance

L'enfantement est un processus extraordinaire d'intelligence physiologique. Développer la confiance dans ce mouvement, dans « ce corps qui sait », augmente le capital confiance.

Jacqueline Lavillonnière, sage-femme indépendante reconnue et auteure, explique que « la physiologie de la naissance appartient aux femmes. L'art de naître appartient aux enfants. La femme qui vit son accouchement sans contrainte autre que celle que lui impose son corps sait choisir les positions les plus antalgiques, elle change autant de fois que nécessaire. La mise au monde est un formidable duo d'adaptation réciproque. La mère ouvre son col, son bassin, son périnée, grâce à la contractilité de son utérus, l'enfant emprunte les chemins ouverts, lui-même poussé par des contractions. Dans ces conditions, aucune femme n'a besoin d'apprendre ni à respirer ni à pousser ni à se mettre dans telle ou telle position. Son corps sait* ».

---

* Jacqueline Lavillonnière, « Mes réflexions et questionnements sur la physiologie de la naissance », *Les Dossiers de l'obstétrique*, n° 325, mars 2004, éditions ELPEA, pages 9 à 10.

Tâtonner, se questionner, hésiter, douter n'empêche pas de développer la confiance en soi, en la capacité à sentir, à agir, à être la mère de notre tout-petit. Il s'agit du même processus, la confiance, la foi n'existent pas en l'absence du doute. S'ouvrir à notre intuition, nous connecter à notre être, à notre corps, à notre potentiel de puissance pour plonger dans cette expérience appartient à ce mouvement.

Identifier et apaiser ses peurs

Dans notre travail de collaboration avec des sages-femmes, il est ressorti que pour développer la confiance intérieure, passer par un travail sur ses peurs afin de les identifier et les apaiser était une option intéressante. C'est la perception que la personne possède d'une situation qui déclenche du stress, non la situation elle-même, expliquant pourquoi nous ne sommes pas toutes inquiètes pour les mêmes raisons.

L'inconnu réveille parfois des peurs insoupçonnées qui dépassent le domaine du rationnel. Identifier ses propres peurs est un pas vers la connaissance de soi. Cela nous permet de mieux nous connaître, de mieux distinguer nos propres freins et de les amoindrir. Entamer ce chemin avant la naissance pourra être une aide précieuse le moment venu. Selon Ariane Seccia, sage-femme, « l'accouchement est donc une occasion unique de transcender les mémoires du passé et de s'ouvrir aux capacités qu'on possède en soi à l'origine ». Du point de vue de la physiologie de la naissance, ce travail possède aussi un sens : en effet, les peurs entraînent une sécrétion de cortisol dont l'effet est d'inhiber l'ocytocine, augmentant le risque d'un accouchement long et difficile.

À l'inverse, diminuer ainsi les résistances accroît les chances d'un bon déroulement. Ce travail permet aux femmes de se sentir plus en confiance et en sécurité le jour J.

Quelques pistes pour agir sur ses peurs

Il n'y a pas de bonne ou de mauvaise méthode ! Cela dépend de la personne que vous êtes, de vos fonctionnements et de vos besoins. Essayez de discerner ce qui vous apportera le plus de confiance et de ressourcement.

Enfin, oubliez l'idée que vous pourrez gérer votre accouchement ! Cela ne se gère pas mais se vit, se traverse. Si vous ressentez des peurs à l'égard de l'accouchement, voici quelques pistes pour les surmonter.

- **Le recours à un thérapeute,** un consultant périnatal qualifié ou à une sage-femme formée à cette exploration des peurs*.
- **Prendre conscience de ses compétences** et de la grandeur de l'intelligence physiologique du corps.
- **L'importance de se connecter à l'instant présent.** En effet, les peurs sont souvent issues du passé ou d'une anticipation du futur. Dans l'ici et maintenant, se trouve l'une des clés de la connaissance de soi et du dépassement de ses peurs.

---

* Ariane Seccia a formé des sages-femmes pour accompagner les futures mamans dans ce sens.

- S'entourer d'outils comme l'EFT*, les fleurs de Bach**, ou certaines huiles essentielles compatibles avec la grossesse***. Elles aideront à travailler sur les peurs et à les alléger avant ou pendant l'accouchement.

Faire le point avec la personne qui vous accompagnera

Au moment venu, peut-être oublierez-vous ce que vous aurez appris. C'est pourquoi, en amont, prenez le temps d'expliquer et de noter à votre partenaire ou la personne choisie pour vous accompagner ce que vous souhaitez lors de la naissance : celui-ci détiendra des ressources supplémentaires pour vous soutenir. Alors, transmettez-lui les outils avec lesquels vous vous sentez en résonance. Cela peut être une visualisation précise, un mot, un souvenir qui vous motive ou vous apaise, une image, un objet, une odeur, une parole qui vous donne confiance, etc.

Aménagez des temps privilégiés afin d'échanger ensemble en profondeur, de partager vos peurs, vos envies et vos représentations sur cette naissance à venir mais aussi sur vos

---

* L'EFT (*Emotionnal Freedom Technique*) est une technique de libération émotionnelle sous forme de tapotement ou *tapping* sur des points spécifiques d'acupressure. Elle est utile pour accompagner de nombreuses émotions comme la peur, la colère, l'anxiété, la culpabilité, la tristesse, etc.

** Pour des fleurs de Bach non alcoolisées, vous pouvez opter pour une base de sève d'érable.

*** De nombreuses huiles essentielles sont déconseillées pendant la grossesse, la naissance et l'allaitement. Nous vous encourageons à prendre vos précautions pour vous assurer de la compatibilité de l'utilisation des huiles essentielles en consultant une source ou un avis médical éclairé sur cette question.

besoins en général, vos doutes, ce qui vous soulage, ce que vous attendez de lui ou d'elle lors de ce moment, puis lorsque votre bébé sera né.

Avec son partenaire, apprendre à communiquer, se comprendre, se connaître est une manière de se préparer à former une belle équipe dans cette expérience de la parentalité.

17

S'informer pour des choix éclairés

La médecine a accompli des progrès considérables et notre système de santé est l'un des meilleurs au monde. Cependant, au sujet de l'accouchement, perdure une forme de domination du personnel médical qui « sait » sur la femme qui « ignore » avec le risque afférent d'une infantilisation de la femme. Cette posture conduit à une généralisation de l'hypermédicalisation allant jusqu'aux violences obstétricales*, devenues l'objet de dénonciations aujourd'hui. Mais comment se positionner, se protéger, si l'on n'est pas informée sur ce qui est normal ou non et sur quoi nous avons notre mot à dire ?

Voici une liste des éléments essentiels sur lesquels vous informer afin de vivre un accouchement en cohérence avec vous-même.

---

* Depuis 2015, des voix se sont élevées pour dénoncer le manque de légitimité de certains actes médicaux imposés, médiatisés sous le nom de « violences obstétricales ». 33 % des femmes reconnaîtraient leur accouchement comme un événement traumatisant. Selon les études actuelles 1,3 à 6 % des femmes seraient même touchées par un trouble de stress post-traumatique après leur accouchement.

- S'informer des conditions favorables à la physiologie de la naissance* et des possibilités d'en bénéficier dans le lieu choisi pour votre accouchement.
- S'informer des pratiques médicales appliquées avant, pendant et après l'accouchement : quelles sont leurs fonctions ? À quel moment sont-elles nécessaires ? Quelle est notre marge de manœuvre ? Quels sont nos droits ?
- Que puis-je faire pour limiter la probabilité d'une intervention ?

Certaines positions ou le fait de se mouvoir accélèrent le travail, favorisent la descente, limitent les risques de déchirure ou d'épisiotomie**. Votre lâcher-prise sera susceptible d'accompagner la physiologie et donc d'accélérer le processus, limitant ainsi la tentation du personnel d'avoir recours à de l'ocytocine de synthèse.

Le rôle du corps médical consiste à vous accompagner et à vous protéger en cas de nécessité et à marcher à vos côtés. Mais c'est vous qui êtes le capitaine de cette grande traversée qu'est la naissance !

Le projet de naissance

Le projet de naissance est un outil précieux. Il est un support d'élaboration et de communication de nos besoins, permet-

* Pour aller plus loin sur la question de la physiologie de la naissance, nous vous conseillons les travaux de Michel Odent, de Maïtie Trélaün et d'Isabelle Brabant.

** Bernadette de Gasquet, *Mon cours de préparation à l'accouchement – La méthode de Gasquet pour accoucher de manière physiologique*, Marabout, 2019.

tant d'assurer une qualité relationnelle avec les personnes présentes : conjoint, accompagnants, corps médical. L'objectif est de faire des professionnels vos alliés. Mais n'oubliez pas qu'il ne s'agit que d'un support. Votre accouchement ne respectera pas un scénario préécrit.

Dans votre écrit, soyez claire, synthétique et respectueuse.

- Quels éléments vous permettraient de vous sentir en sécurité et favoriseraient une atmosphère intime le jour J ?
- Comment œuvrer pour mettre en place ces éléments au moment venu et les intégrer dans l'espace d'accouchement ?

Osez demander ! Vous avez tout à fait le droit de réduire l'éclairage ou de venir accompagnée d'une grande valise en salle d'accouchement, avec vos coussins, une image qui vous inspire, votre musique, votre plaid et votre bouillotte ! Il vous suffit juste d'oser. Et de le préparer avec celui qui vous accompagnera, car c'est à lui que reviendra la mission d'installer et de sortir le matériel adapté au moment opportun.

18

Des ressources pour traverser la grande expérience

La femme qui enfante va au-delà de ses propres limites, n'a plus d'autres choix que de dépasser ses peurs, lâcher prise, faire confiance et s'abandonner. C'est un incroyable voyage à l'intérieur de soi, une porte vers une nouvelle dimension : l'être-mère. Voici trois ressources pour bien vivre la naissance.

1. Suivre son instinct

L'accouchement ne dépend ni de la capacité à contrôler, ni de la volonté, mais de s'autoriser à être pleinement instinctive, en se connectant à cette partie primitive en nous « qui sait ».

En effet, notre cerveau est organisé selon des zones interdépendantes, mais qui ont chacune un rôle et une fonction prédominants. Le cerveau qualifié de reptilien est constitué du tronc cérébral et du cervelet. Il est responsable de nos comportements de base : boire, manger, se reproduire et… enfanter ! C'est grâce à lui que nous accouchons. Or, pour pouvoir pleinement bénéficier de ses effets durant cette phase délicate, nous devons nous déconnecter au maximum d'une autre partie, le néocortex, la partie du cerveau qui contrôle le mental et la réflexion qui nous empêche bien souvent de nous laisser aller à nos instincts. Ce néocortex est précieux et très utile en société mais, en salle d'accouchement, il est un de nos plus grands freins.

> « L'enfantement s'impose à elle, rien ne doit la ramener à l'extérieur. Elle plonge dans ce face-à-face avec elle-même, elle lâche ce qu'elle connaît pour se lancer dans l'inconnu, elle rencontre ses peurs et doit les traverser, les accepter, si elle veut avancer. C'est une mise à nu d'elle-même dont elle seule est témoin. [...] Il n'est pas question de maîtriser, il est question de se laisser emporter en allant connecter toujours plus profondément sa confiance. Consentir à ce qui se passe, consentir à ce qu'elle rencontre durant ce voyage aussi surprenant que cela puisse paraître. Faire confiance. [...] Il suffit d'un instant pour lâcher prise, c'est l'hésitation qui est longue ; c'est ce pas en avant qui nous semble impossible, ce moment où l'on accepte de perdre nos repères, de nous abandonner à ce qui vient, de croire en la vie*. »

Si la femme doit lâcher son besoin de contrôle, l'accompagnant à la mission de garantir une atmosphère protégeant ce processus en limitant les stimulations sensorielles ou mentales : lumière, son, parole, intervention, inquiétude, froid. Jusqu'à la fin véritable de l'accouchement, c'est-à-dire la délivrance qui est la sortie du placenta.

---

* Maïtie Trélaün, *J'accouche bientôt, que faire de la douleur ?*, Le Souffle d'Or, 2012.

2. La douleur, un guide

Dans le processus de l'accouchement, la douleur n'est pas notre ennemie, elle est notre alliée. Certains la qualifient même de guide*. Pourquoi ? La douleur n'est pas vaine, elle porte un sens et délivre un message. Elle nous oriente vers les endroits du corps qu'il est nécessaire d'ouvrir, de détendre, par exemple un muscle, un ligament, afin que se réalise la naissance. Vous souffrez dans le haut des cuisses, peut-être cela montre-t-il qu'il serait bénéfique de détendre cette zone ! Respirez là où la douleur vient vous indiquer une résistance ! L'idée est de se saisir de ces signes corporels comme des indicateurs : « ouvre ici », « lâche là », « respire », « bouge, trouve une position qui te soulage » ! Écoute ta douleur, laisse-lui te montrer le chemin, elle est ton alliée.

La douleur manifeste les contractions, celles-ci sont essentielles. Grâce à leur force, à leur régularité, notre enfant va pouvoir naître. Chaque contraction marque un pas supplémentaire vers la rencontre avec votre enfant, c'est positif !

3. Entre chaque contraction : le trésor de la détente

Une des clés de l'accouchement se situe dans l'équilibre entre la puissance des contractions et la qualité de la détente entre chacune d'elles. La profondeur du lâcher-prise pendant ces instants stimule l'augmentation des sécrétions d'ocytocine nécessaires à l'ensemble du processus physiologique d'expulsion du bébé. Cette hormone donne le signal de départ à notre

* Martine Texier, *Accouchement, naissance : un chemin initiatique*, Le Souffle d'Or, 2012.

corps pour déclencher le travail. Elle soutient le processus de la naissance, la qualité et l'efficacité des contractions, l'ouverture du col, jusqu'à son achèvement, la délivrance et l'attachement parent-bébé après la naissance.

Ce sont ces très hautes doses hormonales qui sont responsables de la sécrétion d'endorphines, qui est notre morphine naturelle. L'endorphine est d'un grand soutien pour alléger les sensations douloureuses et nous placer dans un état second, propre à l'enfantement. Ces minutes et ces secondes de suspension entre chaque contraction permettent de lâcher tout effort, toute tension et de se laisser complètement aller dans une profonde détente. Même si elle ne doit durer qu'une minute… Profitons-en ! L'aptitude à la détente soutient le processus physiologique et permet de puiser de l'énergie avec efficacité pour parvenir au but. Les contractions se traversent seconde après seconde.

19

Les trois grandes reliances

Avec ou sans péridurale, à la maternité ou à la maison, en toute autonomie ou avec intervention, voici trois clés pour vous accompagner durant votre accouchement.

1. Se relier à son bébé

Pendant l'accouchement, n'hésitez pas à vous relier à votre bébé en parole ou en pensée, à l'encourager, le rassurer, l'inviter à descendre. Votre main posée sur votre ventre ou sur votre périnée est un geste aussi positif pour lui que pour vous, favorisant votre lien l'un à l'autre et renforçant votre confiance mutuelle pour toute votre vie. La naissance est une affaire d'équipe, de partenariat. Nous sommes deux, voire trois avec le papa, à traverser cette expérience. L'un accouche, l'autre naît, c'est ensemble que nous vivons ce moment.

2. Se relier à son pouvoir de femme

L'accouchement est une expérience universelle. Nous appartenons à cette grande communauté « des femmes sources de vie* ». Ce moment extraordinaire au cours de la vie d'une femme ouvre grand l'accès à nos abysses d'où se révèle notre trésor intérieur : la grandeur et la puissance. Comment traverser une expérience si intense ? Vous n'avez rien à chercher qui ne repose déjà en vous-même : vous détenez cette force, cette puissance, cette pleine compétence pour accoucher. Toutes les ressources pour donner naissance à votre enfant sont en vous.

Comment contacter ses ressources intérieures ? Savoir mentalement que l'on possède de la force ne suffit pas, hélas, pour la contacter. Il faut d'abord l'éveiller : c'est à nous que revient l'effort de contacter notre puissance afin qu'elle rayonne pleinement de tout son potentiel. Il s'agit de l'*empowerment* dont nous parlions plus tôt. Telles des graines en déploiement, nous détenons des ressources pour donner naissance à notre enfant et devenir mère. Mais celle-ci a besoin d'être arrosée, protégée et entretenue. Quels sont les éléments qui favorisent le développement des graines que sont nos ressources intérieures ? La confiance, la détermination, la bienveillance envers soi-même, l'écoute de soi qui se rapproche aussi de l'intuition, l'attention et la confiance à l'égard du corps, la connexion avec la nature.

Notre énergie de femme créatrice attend de pouvoir se dévoiler à nous. Dans l'expérimentation de cette puissance originelle, l'enjeu consiste à s'autoriser : à bouger, crier, être. Les pieds ancrés dans la terre, le corps dressé vers le ciel, l'énergie circule, notre grandeur s'incarne, n'en soyons pas effrayées.

---

* Terme proposé par Isabelle Challut qui est infirmière, spécialiste de l'accouchement physiologique et de l'accompagnement périnatal, dans son ouvrage *Rituels de femmes pour réenchanter la maternité*, Courrier du livre, 2017.

À ce sujet, l'Américaine Marianne Williamson écrit ces mots inspirants, nous invitant à oser transcender nos peurs et à habiter notre puissance : « Notre peur la plus profonde n'est pas que nous ne soyons pas à la hauteur. Notre peur la plus profonde est que nous sommes puissants au-delà de toutes limites. C'est notre propre lumière et non notre obscurité qui nous effraie le plus*. »

Notre potentiel de femme puissante nous nourrit d'une force et d'une confiance pour toute la durée de notre vie. Elle nous rend plus stable, ancrée, déterminée, endurante et sereine.

3. Se relier à plus vaste que soi

S'abandonner à une énergie plus vaste que soi est la dernière clé. La grossesse puis la mise au monde sont d'un ordre supérieur, elles appartiennent à une dimension que l'on peut véritablement qualifier de sacrée. À l'intérieur de l'utérus se crée un nouvel être. Cette œuvre de création est étroitement liée à la grande œuvre de la nature. En laissant cette énergie de vie circuler, nous accomplissons un incroyable exploit.

> « Mon accouchement a été long, surtout sur la fin. Alors que l'épuisement commençait à me guetter, j'ai lancé en moi un grand appel. Un appel à la vie et à la grande énergie universelle : viens, c'est ton enfant, fais la naître au travers de mon corps. À chaque contraction, j'avais l'impression que cette énergie ouvrait les portes de mon col. Entre chaque contraction, je l'appelais à venir à moi pour me donner la force de m'ouvrir et

* Marianne Williamson, *Un retour à l'amour : réflexions sur les principes énoncés dans un cours sur les miracles*, Guy Trédaniel, 1992.

de pousser encore et encore pour que mon enfant sorte enfin. Ce fut une expérience de transcendance magnifique ! » (Laura).

Réenchanter l'accouchement

Votre corps de femme sait. Sur un plan plus subtil existe une énergie reliant les femmes entre elles. Depuis la nuit des temps, elles mettent au monde des enfants, dans des hôpitaux, dans la brousse, dans une salle de bains, dans une voiture. Des millions, voire des milliards de femmes ont accompli cette grande épreuve avant vous. Plus proches, les visages connus de vos ancêtres, mère, grands-mères, arrière-grands-mères vous aiment et vous soutiennent. Cette grande énergie de vie qui vous porte depuis votre conception se dévoile, elle vous traverse plus intensément encore dans cette œuvre de mise au monde.

IV

Les premières heures : le temps de la rencontre

20

La femme qui enfante est une reine

Accouchement. Le mot évoque l'effort extrême. À un niveau supérieur, il est synonyme de puissance, de force, d'accomplissement, il suscite également la peur, recèle une part bestiale, primaire. Accoucher est une initiation qui, par essence, élève à un état de conscience supérieur. Une partie de soi est sacrifiée, offerte pour être transformée. Comme si mettre au monde était un phénomène aussi banal qu'un premier saut dans une piscine, nos sociétés ne célèbrent plus les mères. Parce que nous avons oublié la beauté et la richesse de ces grandes étapes de vie, ignorant combien elles forgent notre identité, nous épargnant alors bien des maux contemporains tels que la dépression. En éveillant notre regard, ces moments de vie se révèlent comme un renouveau : les femmes accouchent depuis des millénaires, mais il existe autant de mises au monde que de femmes, chacune est singulière. C'est pourquoi elles méritent toutes d'être célébrées.

La gratitude

Il est important de s'abreuver de paix, d'amour, de reconnaissance et de gratitude pour avoir mis notre enfant au monde.

S'il est présent sur Terre aujourd'hui, c'est grâce à vous et à votre corps ! En dépit des difficultés, vous avez réussi ! Vous êtes cette porte par laquelle un nouveau petit être humain s'est incarné. Vous appartenez désormais à la grande communauté des femmes sources de vie.

Alors, osons bousculer les fausses pudeurs, les schémas limitants et les éventuels complexes. Osons reconnaître que l'acte de donner la vie puis de devenir mère nous confère naturellement cette dimension de grandeur et de magnificence. Réaliser un travail de reconnaissance de cette haute dimension de nous-même est tout à fait sain. Avec humilité : cette grandeur n'est que le reflet de l'énergie de la vie elle-même passant à travers nous, et que nous avons l'honneur d'incarner lors de la mise au monde.

21

Un feu d'artifice d'ocytocine

Au moment où le bébé sort, une vague d'ocytocine est émise par le corps de la mère. Cette explosion hormonale envahit l'espace et touche toutes les personnes présentes. C'est lors d'un accouchement physiologique et pendant les vingt-quatre heures qui suivent que la femme sécrète la plus forte dose d'ocytocine de sa vie.

Ce bain d'hormones de l'amour est essentiel pour parvenir au terme du processus de la naissance et délivrer le placenta. Puis il soutient, les jours suivants, la rétractation de l'utérus. Enfin, il favorise l'attachement et la mise en place de l'allaitement grâce à la production de prolactine.

Après la naissance, préserver la bulle d'ocytocine, une priorité !

Une femme vient d'accoucher, un enfant vient de naître. Respectons ce temps sacré de l'après. Si on reconnaît de plus en plus l'importance de préserver l'intimité et le sentiment de sécurité chez la femme qui enfante, on oublie trop souvent que ce bain d'ocytocine doit perdurer durant les heures qui suivent.

Une fois que le bébé est né, on se remet à parler normalement, on prend des photos, on allume son téléphone pour passer la nouvelle, on fait des blagues où l'on bouscule la dyade mère-enfant en posant des questions, ou encore en passant de manière précipitée aux soins de l'un ou de l'autre.

Perturber la bulle de la femme qui vient d'accoucher, c'est entraver la libération de l'ocytocine. Les mères et les bébés ont besoin d'atterrir en douceur ! À l'image des passagers d'un avion soudainement confrontés au stress d'une turbulence atmosphérique, voire à une annonce d'atterrissage en urgence, la mère et l'enfant sont bouleversés par cet état transitoire qui doit les ramener à une réalité à laquelle ils ne sont plus tout à fait rattachés.

Ocytocine et sécurité

Plus qu'une question de bien-être, préserver cette sécrétion d'ocytocine, c'est protéger et sécuriser la mère comme le bébé sur le plan biologique. Ce bain hormonal délimite en effet la zone de sécurité physiologique de l'accouchement. Sauf besoin médical imminent, préservons cette bulle, le reste peut attendre ! Michel Odent souligne que cette hormone timide qu'est l'ocytocine a besoin de conditions favorables pour se déployer : chaleur, douceur, pénombre, calme, intimité, confiance, relâchement, non-stimulation. Un moyen simple pour vous en souvenir : les conditions optimales sont les mêmes que celles propices à l'endormissement ou aux relations sexuelles. Auriez-vous envie de faire l'amour dans le froid, sous une lampe éblouissante, entourée de personnes que vous ne connaissez pas et qui font sans cesse des commentaires ? Non, cela vous couperait dans votre élan. Il en va de même pour le bébé et la mère. Mis à part que pour eux, les séparer les place en état de fragilité émotionnelle et physiologique.

Le temps de la rencontre

Dans cet espace préservé vient le temps de la rencontre, fait de regards, d'observation et de nourrissage instinctif, puis de la communion entre le père, la mère et le bébé. C'est toute une famille qui vient de naître !

Plus rien n'existe hormis vous trois. Laissez-vous aller à savourer cette rencontre. Sentez la peau de votre tout-petit contre la vôtre. Entendez-le pour la toute première fois. Plongez dans la profondeur de ce regard qui vient d'ailleurs, découvrez les traits de son visage… Peut-être est-il un peu fripé, visqueux, ou est-il recouvert d'une étrange substance blanchâtre*. Peut-être a-t-il des taches sur le visage ou bien le crâne déformé par la pression du passage. Beaucoup de bébés ne sont pas des plus présentables à la naissance. Cela n'a rien d'anormal ou d'inquiétant.

Dans tous les cas, vous connaîtrez ce moment de rencontre, qu'il soit immédiat ou différé, en salle nature ou au bloc opératoire. Offrez-vous de le vivre en pleine présence. Trouver votre manière de faire : rester en silence, chuchoter des mots doux à l'oreille, fredonner une berceuse que vous

* Certains bébés naissent recouverts de *vernix caseosa*, un biofilm qui recouvre le fœtus *in utero* et est absorbé par la peau une fois le terme arrivé. Il comporte de nombreuses vertus, et il est bon de le laisser sur votre bébé.

aimez, respirer en conscience ou laisser vibrer en douceur le son Om*. Tout est possible.

Du rêve à la singularité, lâcher les attentes

Une chose importante à garder à l'esprit : il y a de fortes chances que la rencontre avec votre bébé ne se passe pas comme vous l'aviez imaginée. Ce sera votre rencontre, unique et singulière.

> « À force d'avoir lu des témoignages magnifiques sur des naissances, j'avais certaines attentes. J'espérais ce moment où, en voyant son premier regard, j'allais être bouleversée par la profondeur de ces yeux. Je m'attendais à ce que mon bébé rampe sur mon ventre et vienne trouver mon sein. J'avais envie qu'elle le trouve d'elle-même afin qu'elle vive dès le départ l'incomparable satisfaction de pourvoir à ses besoins "par elle-même". Oui, ce moment était merveilleux mais non il ne ressemblait pas à ce à quoi je m'attendais. *A posteriori*, j'aurais aimé pouvoir me chuchoter à l'oreille : "Profite de cet instant exactement tel qu'il est. N'attends pas le moment où elle va trouver ton sein. Regarde-le tel qu'il est, sois juste là, ici et maintenant et lâche toutes tes attentes ou tu risques de passer à côté de l'essentiel" ! » (Aude).

Quand tout ne se passe pas comme prévu

Si votre bébé a besoin d'être examiné, des aménagements sont possibles. Vous pouvez demander au personnel de procéder aux examens à quelques mètres de vous, ou que votre conjoint

* Le Om est un mantra évoquant le son originel. Il favorise la détente, la connexion, le bien-être.

reste à ses côtés. Il sera alors une présence familière et sécurisante pour votre bébé et vous serez plus rassurée de le savoir entouré.

Vous pouvez continuer à rester connectée à votre bébé même à distance. Ne sous-estimez pas la puissance de votre lien !

22

Votre bébé est un extraterrestre

Le nouveau-né arrive d'un autre monde : un espace aquatique où la lumière était diffuse, les sons internes permanents, les voix atténuées, la température stable. Puis, tout a basculé : il fait plus froid, son corps est plus lourd, soumis aux lois de la pesanteur et de la respiration. Il ne ressent plus les parois de votre utérus qui le contenaient et formaient des limites. En passant de l'intérieur de votre matrice à l'extérieur, tout son univers a changé.

Dans cette tornade sensorielle, il ne reste qu'un seul repère : vous, votre odeur, le battement de votre cœur, votre voix ainsi que celle de votre conjoint. Vous êtes son monde. Il ressemble à un cosmonaute s'aventurant seul au beau milieu de l'immensité noire, relié encore par une corde au vaisseau, qui est pour lui l'unique point de repères, le dernier port d'attache. Il est dit que la longueur du cordon représente la distance maximum entre un nouveau-né et sa mère pendant les premiers jours puis, si possible, pendant tout le Mois d'Or. Cette croyance, qu'elle soit réelle ou symbolique, illustre clairement ses besoins de proximité !

Éloge de la douceur

L'arrivée en douceur dans le monde aérien est un cadeau inestimable à offrir à son bébé. Le silence, la pénombre, la lenteur, le fait d'être peau contre peau et de différer les soins immédiats sont autant de moyens de faciliter la transition. Ces bienfaits de la douceur et de l'intimité étaient déjà soulignés par le docteur Frédérick Leboyer dès les années 1970, dans ces travaux pour une naissance sans violence*. Les pratiques évoluent mais de nombreuses femmes regrettent que certains soins soient exercés trop rapidement : couper le cordon, procéder immédiatement à la pesée et aux points de suture périnéale si besoin, alors qu'il s'agit en fait du temps de la rencontre**, du peau contre peau. S'il n'y a pas d'urgence médicale, les premières vingt-quatre heures (ou a minima les deux premières heures) devraient être consacrées à la découverte mutuelle entre la mère et l'enfant.

Les heures suivant la naissance

Les heures après la naissance sont celles du flottement. Le vortex de la naissance est encore ouvert, marquant la continuité et la rupture. Nous sommes tout juste de retour d'un des passages les plus fondateurs de toute notre vie ! Nous aussi nous avons besoin d'atterrir.

Les jours qui suivent l'accouchement forment une période pendant laquelle la femme a le plus besoin de repos. Pourtant, c'est à ce même moment que débutent les premiers soins

---

* Frédérick Leboyer, *Pour une naissance sans violence*, Seuil, 1975.

** Une rencontre où importent la douceur de l'accueil, le peau à peau, un clampage du cordon et des soins différés, etc.

envers le petit, avec tous les efforts et les attentions que cela suppose.

> « Une fois parvenus dans notre chambre après la naissance de ma fille, j'ai fait une remarque étrange à mon mari : c'est fou, je viens d'accoucher et je dois déjà être mère. Je trouvais moi-même ma remarque étonnante mais le fait est que je venais de vivre l'expérience la plus intense et la plus fatigante de mon existence. Et pourtant, c'était justement le moment où il fallait que je sois disponible pour ce petit être qui venait de naître » (Élise).

Quant à notre corps, il vient de se dépasser comme jamais, il a besoin de récupérer ! Pour commencer, il faut lui éviter les risques de dommages collatéraux. Pour cela, nous vous invitons à appliquer dès que possible les conseils évoqués dans la partie sur le périnée : bandage du bassin, fausse inspiration thoracique, horizontalité et limitation des pressions périnéales.

Les vingt-quatre premières heures : bébé dort, maman veille

Le bébé qui vient de naître vit en général un temps d'éveil, porté par l'énergie générée durant sa naissance ainsi que par l'aspiration à recevoir la récompense du héros : sa première tétée ou autre préparation lactée. Une fois repus, la plupart des nouveau-nés entrent dans une phase de calme pour plus ou moins vingt-quatre heures : un repos bien mérité après cette grande traversée.

Or, en général, la femme venant d'accoucher reste, aussi épuisée soit-elle, en état de « veille ». Elle est encore sous le coup de la décharge d'adrénaline sécrétée à la fin de l'accouchement. Stimulée par toutes sortes d'émotions et de prises de conscience, ses sens et son mental sont exacerbés.

« Je restais semi-éveillée, n'en revenant pas de ce qui venait de m'arriver, revisitant sans cesse le film de cette incroyable expérience d'avoir mis au monde un enfant, mon enfant. Et ce tout-petit qui est là, juste à côté de moi, si familier et si étranger à la fois... Je ne pouvais pas me résoudre à arrêter de l'observer. Au moindre de ses petits bruits étranges, je me précipitais pour voir ce qu'il se passait. Dès qu'il ne faisait plus de bruit, je m'inquiétais et avais besoin de m'assurer qu'il respirait bien. Tout le monde me disait de me reposer. J'étais épuisée, mais comment aurais-je pu dormir ? » (Sandra).

« Je n'en croyais pas mes yeux de voir ce petit bébé allongé à côté de moi... Je prenais la mesure de toute la responsabilité qui m'incombait... Il était si vulnérable ! J'ai passé la première nuit à l'observer, à le sentir et à prendre conscience de ce qui m'arrivait. Je devenais maman... J'avais besoin de temps pour assimiler la puissance et l'intensité de ce que j'étais en train de vivre ! » (Myriam).

Cet état de veille est nécessaire chez les mammifères de la brousse. Cela a une fonction de protection dans cette phase de grande vulnérabilité, en leur permettant de s'assurer qu'il n'y a pas de danger à proximité.

Notre conseil : dès que votre bébé dort, observez-le cinq minutes, émerveillez-vous de ses toutes petites mains, observez son visage, puis, de grâce, reposez-vous ! Essayez de dormir autant que possible, même pour une demi-heure. Si vous souffrez d'insomnie ou d'hyper vigilance, allongez-vous et fermez les yeux. Relaxez-vous, visualisez votre corps qui se régénère.

Maman rêve de dormir, bébé s'éveille

> « À la maternité les puéricultrices m'avaient dit une phrase que je n'ai comprise qu'après coup : profitez de cette première nuit pour dormir, car demain et les suivantes seront “les nuits de la java” de votre bébé » (Nathalie).

La deuxième ou troisième nuit, la grande majorité des bébés émergent de leur phase de récupération et sont souvent plus demandeurs : tétées groupées, pleurs quand on le pose, demande de proximité et de chaleur corporelle, etc. Il découvre l'étendue de ses sensations et de ses besoins, la réalité de la non-complétude, du manque inhérent dû à sa nouvelle condition d'être incarné séparé du corps de la mère. Pour lui, tout est apprentissage et lui demande une énergie colossale. Imaginez-vous dans un monde où tout est nouveau. Vous auriez sûrement besoin de repères et d'être rassurée !

Cependant, cela concorde avec la phase où la femme descend en énergie et où le besoin de sommeil la gagne. À la fatigue, s'ajoutent la montée de lait, les éventuels effets secondaires de la péridurale (mal de tête, douleur dans le dos) ou les aléas d'une chambre partagée. C'est aussi le début des chutes hormonales dont nous parlerons dans le chapitre suivant.

Pour la jeune mère qui n'a pas été informée de ce phénomène physiologique des « nuits de java », il est facile de se sentir dépassée, démunie, désemparée jusqu'à s'interroger sur son propre allaitement et remettre en question ses capacités à combler les besoins de son bébé.

Pour couronner le tout, arrive le retour à la maison qui rime avec adaptation, et le sentiment d'être un peu perdue, quand on n'est pas submergée. Tout cela n'empêche pas la joie et l'amour mais, reconnaissons-le, complique singulièrement la situation.

La jeune mère a besoin de soutien, d'écoute, d'accompagnement approprié et de tout ce qui pourra lui permettre de se sentir bien*. Mais pour concentrer son énergie sur son bébé et sur elle-même, il lui faudra ne pas être sollicitée à tort et à travers. Un des moyens de simplifier ces premiers jours consiste donc à vous épargner les défilés interminables à la maternité et de demander à votre partenaire de servir d'intermédiaire en différant au maximum les visites. Celles-ci risqueraient de vous fatiguer davantage, de vous faire rater les rares fenêtres de repos possible et de limiter les précieux moments d'intimité avec votre petit.

Ce qui importe le plus est d'être pleinement présente à soi, à son bébé et de se reposer autant que possible. Dès que votre bébé dort, dormez ! Quand il ne dort pas, cajolez-le en le gardant contre vous. Au moindre signe, proposez-lui du lait,

* Certaines mères ne se sentent pas à l'aise dans le contexte d'une chambre de maternité. Dans ce cas, il est intéressant d'apporter des objets familiers ou qui facilitent le confort et le bien-être : oreiller, plaid préféré, lampe très tamisée pour la nuit, des oléagineux et des fruits secs à grignoter en cas de fringale.

allongez-vous* avec lui pour vous reposer tout en l'allaitant** ou relayez-vous avec votre conjoint. Ces conseils sont valables pendant tout le Mois d'Or mais de manière encore plus marquée les premiers jours !

Les premiers jours, entre merveille et défi

Chaque membre de la famille vit cet intense changement à sa façon. Entre joie et défi, chacun doit s'adapter, s'apprivoiser, prendre ses repères. Pour cela : laissez-vous le temps ! Vous allez retrouver votre équilibre et un début de stabilité dans les jours qui viennent. Faites confiance en vos intuitions, dans le potentiel maternel qui réside en vous et en l'équipe que vous formez avec votre bébé et votre conjoint. Vous avez porté votre enfant pendant neuf mois et, même si vous ne le percevez pas encore, vous détenez toutes les ressources pour prendre soin de lui maintenant qu'il est dans vos bras.

---

* Veillez à respecter les règles de sécurité pour dormir à ses côtés sans aucun risque.

** Vous trouverez dans la partie sur l'allaitement des positions qui vous permettront de donner le sein allongée, c'est un excellent moyen pour ne pas trop vous fatiguer !

23

Favoriser l'équilibre émotionnel

Dans les jours qui suivent l'accouchement, sur le plan hormonal, on observe une chute massive d'œstrogènes et de progestérones culminant entre J3 et J5. C'étaient ces mêmes hormones qui durant la grossesse détenaient un effet antidépresseur. Leur impressionnante diminution a des effets sur l'humeur se traduisant généralement par une hypersensibilité, de l'angoisse, une diminution de la confiance en soi, un sentiment de solitude, de désarroi, des insomnies, des peurs, de la fatigue. Ces troubles ne doivent normalement pas excéder une semaine.

À cela s'ajoute le stress d'adaptation souvent mésestimé voire ignoré par les spécialistes, qui imaginent peut-être que les femmes, ayant donné la vie pendant des millénaires, vivent forcément cette période avec aisance et naturel. En fait, les femmes pendant des millénaires n'étaient jamais seules. Leur état, spécial, était reconnu et valorisé, l'entourage s'organisait, l'accompagnait dans les soins du bébé et veillait à ce que le moindre de ses besoins soit comblé.

Pourtant, si dans notre société, ces troubles de l'humeur et le stress d'adaptation ont été qualifiés de « baby blues » et paraissent inévitables, il faut savoir que le baby blues est inconnu dans certaines cultures.

Pleurer, parler au cours de cette période, plutôt qu'enfouir les choses en soi, a un effet libérateur. Rien est inavouable ! De plus, garder à l'esprit que d'autres ont vécu des états similaires est grandement positif et participe à l'apaisement du corps et de l'esprit. Ce tabou doit être levé, car il occulte les difficultés et renforce la solitude émotionnelle des jeunes mères. Ainsi, nombreuses sont celles qui se sentent de façon passagère étrangères à leur vie, qui craignent de se retrouver seules avec leur bébé, qui se sentent démunies face à ses pleurs, qui vivent difficilement le regard des autres sur les soins apportés à leur bébé, qui dans ce sens redoutent les remarques et le jugement, qui peinent à se réapproprier leur corps, qui souffrent des maux du post-partum* les empêchant d'être complètement présentes vis-à-vis de leur bébé et qui développent alors un sentiment de honte et de culpabilité. Et puis, on avait imaginé un bébé merveilleux, on se retrouve face à un être dépendant et exigeant.

Le manque de soutien joue un rôle important dans cette hypersensibilité émotionnelle. Pour favoriser votre équilibre de retour à la maison avec votre petit, demandez que pour votre arrivée, la maison soit propre et rangée, que votre espace de maternage qui devient votre QG soit prêt. Installez-vous peau contre peau avec votre bébé. Cette pratique est ô combien restauratrice, et dormez. Pendant que le papa ou vos soutiens vous concocteront un appétissant repas chaud et vous le déposeront sur votre table de nuit. Alors que votre bébé sera à côté de vous, calé contre les rebords de votre coussin

* Voir partie V.

d'allaitement, vous vous restaurerez d'une soupe de lentilles chaudes à la noix de coco. Régulièrement, on viendra s'assurer que vous ne manquez de rien, on renouvellera votre tisane et l'eau chaude de votre bouillotte, on vous proposera de changer votre bébé. Vous pourrez alors, si vous le désirez, le confier le temps du change afin d'éviter de vous lever. Dans l'idéal, tenez ce rythme pendant au moins deux semaines.

Personne ne peut attendre que vous effectuiez la même quantité de travail qu'avant la naissance. La plupart des femmes témoignant de leur vécu postnatal sont unanimes : si c'était à refaire, elles iraient à l'essentiel en prenant du temps pour se reposer, en abrégeant ou en différant les visites, en faisant la sourde oreille aux conseils ! Elles savent que si elles se portent bien, leur bébé s'en portera tout autant. Sur le plan émotionnel, c'est le soutien d'une amie, d'une mère, d'une sœur, mais également le soutien du conjoint qui les a le plus grandement encouragées.

L'objectif est donc de sélectionner un noyau de personnes qui auront le « pass VIP » pour vous entourer et vous soutenir sans que cela vous oblige à sortir de votre bulle ou vous fatigue.

L'amour, pas toujours instantané

Nous vivons toutes la maternité de manière différente, même d'un enfant à l'autre. Certaines témoignent ne pas ressentir un amour instantané pour leur nourrisson, ce qui est parfois déstabilisant. On n'oublie, ou on ignore, que l'amour maternel se nourrit d'un attachement progressif entre la mère et son bébé.

Bercé par les films et les romances à l'eau de rose, notre définition de l'amour est souvent idéalisée. Nous sommes habitués à une vision de l'amour foudroyante et passionnée.

S'attendre à un coup de foudre réciproque avec notre nourrisson dès lors qu'après sa naissance nous le serrons fort contre notre poitrine est fréquent. Bien sûr que vous allez l'aimer, être bouleversée et même ne plus le lâcher avant bien longtemps. Mais n'oublions pas, encore une fois, de prendre le temps de se connaître, car le lien se construit instant après instant. L'amour est exigeant.

Certaines langues comprennent davantage de nuances dans l'expression d'une émotion. Ainsi, au Vietnam, il existe plusieurs définitions du mot « amour » : le terme *tinh* contient beaucoup de passion alors que *nghia* comprend plus de calme, de compréhension et de confiance. On dit que *nghia* est le fruit des difficultés et des joies partagées durant une longue période*. *Nghia*, l'amour calme et compréhensif, qui demande du temps et de la patience, c'est exactement ce qui se joue pendant cette période de quarante jours entre la maman et son petit et bien au-delà. Le processus d'attachement est long et c'est normal.

De la noblesse et de l'intelligence des mères

Dans certaines cultures, la jeune accouchée est entourée d'un dévouement digne de celui d'une reine. En prenant soin d'elle, on prend soin de son bébé. Sa vie, son état d'être, physique et émotionnel, sont donc très précieux. L'amour reçu est autant d'amour pour votre bébé.

La reconnaissance de votre travail est importante. Vous avez fait œuvre de création. La gestation d'un être humain exige une énergie prodigieuse. Dès l'ovulation, la mère par-

* Thich Nhat Hanh, *Enseignements sur l'amour*, Albin Michel, 2008.

tage et donne de son sang, la nourriture qu'elle ingère puis son énergie pour permettre la croissance du fœtus. Peu à peu, vous avez mis de côté votre rythme de vie pour vous ajuster à celui de la gestation. L'accouchement vient clore ce travail en demandant à la femme une énergie et un sacrifice considérable. Créer et mettre au monde un autre être humain est un chef-d'œuvre !

Ensuite, les qualités et les mérites nécessaires pour d'abord donner naissance à un bébé puis en prendre soin exigent un esprit de sacrifice, un désintéressement, une humilité de chaque instant. Ces qualités exaltent un parfum de dépassement, de divin. En permettant à l'enfant de s'élever, et en favorisant son intérêt plutôt que le sien, la jeune maman sert l'humanité tout entière. Cette intelligence de l'autre contribue à l'évolution de l'humanité.

Ainsi, chez certaines populations au Maroc, les femmes après leur accouchement sont très respectées. Elles sont servies et aidées pendant plusieurs jours. Accompagnées d'une sage-femme, une *qabla*, et de mères expérimentées, qui transmettent leur savoir ancestral* et des techniques spécifiques de « fermeture » anatomique.

Ainsi dans l'école du Kundalini yoga, la maman est entourée d'une attention active pendant cette période. Être bien traitée, valorisée et honorée lui revienne de plein-droit. La rareté de l'humilité et de la générosité dans le monde extérieur, et peut-être en particulier dans notre monde d'aujourd'hui, confère une part de noblesse à celle ou celui qui en

* Ibtissam Ouazzani, « Cette entrepreneure marocaine veut faire revivre le rituel post-partum des *qablas* », le 4 octobre 2018 ; www.thehuffpostmagreb.com.

fait preuve. La servir est une manière de reconnaître le travail, la fatigue, son œuvre de dépassement dans cette période d'intense transformation.

Dans l'Égypte antique, la jeune mère se retirait dans le pavillon de naissance pendant une période de quatorze jours. Ces journées étaient mises à profit pour se reposer et s'occuper du bébé pendant que les femmes de son entourage assuraient les tâches domestiques.

De même que durant la grossesse, tout est fait pour assurer le bien-être de la femme enceinte dans son projet de donner la vie, la soutenir et la servir pendant les quelques semaines après son accouchement s'inscrit comme une prolongation de cette cohérence. L'aider lors de cette période spéciale, c'est servir la vie.

Dans cet état de relâchement, la possibilité de se tourner vers le nouveau-né devient une opportunité de rencontre baignée de calme, de douceur et d'amour.

V

Notre corps de femme après l'accouchement

24

Les maux du post-partum, parlons-en !

Vous êtes maintenant de retour chez vous, en congé maternité. Avant la lecture de ce livre, votre bébé aurait suscité la curiosité et l'émerveillement de tous tandis que votre corps maternel aurait été délaissé. Ce temps est révolu. L'importance que l'on prenne soin de vous au bénéfice de votre santé est maintenant comprise et intégrée par votre cercle de soutien. Dans ce sens, vous devrez vous-même connaître certains réflexes.

D'un point de vue physiologique, le processus de la grossesse ne s'arrête pas à la naissance de l'enfant. Maintenant que le bébé n'occupe plus l'intérieur, le corps doit regagner ses limites corporelles. Mesurer combien le corps est à géométrie variable, entre la grossesse et la sortie de votre enfant, permet de mieux en accepter les modifications extérieures : un ventre ballant, une peau flasque, des abdominaux inexistants, etc. Nier ces modifications corporelles peut compromettre un bon vécu global de cette période de transition. Il faut au contraire profiter de cette phase de rétractation naturelle du corps pour récupérer et éviter de potentielles complications ultérieures.

La période postnatale draine son lot d'inconforts, passagers mais dont on fait rarement étalage : cicatrisation d'une déchirure ou d'une épisiotomie, constipation et autres hémorroïdes. Heureusement, il existe des remèdes. Et comme dans le contexte postnatal, chaque action vire à l'opération stratégique, détenir des ressources en amont pour que ces inconforts se guérissent facilement est un véritable atout. Tant que n'a pas débuté la rééducation du périnée, le corps manquera de fermeté. Des douleurs sacro-iliaques peuvent apparaître, de fausses sciatiques ; un diastasis désigne une séparation du muscle abdominal en son milieu.

À la naissance, le corps respire, il est comme libéré, certains gestes sont de nouveau possibles. Cette sensation est très agréable. Pourtant, gare à ne pas se précipiter ! Vos organes, qui seront très sensibles à la gravité, ont besoin d'une phase de transition. De plus, à cause de l'injonction de vite retrouver sa vie « d'avant » par la reprise de ses activités le plus rapidement possible, allant du port des sacs de courses jusqu'au running, cette parenthèse essentielle de la période postnatale a été suspendue.

Dans les pages qui suivent, les volets sur l'approche corporelle du périnée, les postures de yoga postnatal et la lutte contre la constipation sont issus des travaux du docteure Bernadette de Gasquet. Elle a personnellement validé cette partie, où elle traite aussi du bandage du bassin, dont la pratique est précieuse juste après l'accouchement. Nous la remercions chaleureusement pour sa collaboration.

Les lochies

L'accouchement et la délivrance du placenta engendrent une plaie sur l'utérus qui mettra du temps à se refermer. En attendant sa cicatrisation totale, la femme présente des pertes de sang et de muqueuse utérine abondantes qui s'étendent en moyenne entre deux et quatre semaines après la naissance. Ce processus de nettoyage est normal et bénéfique ! Au fil des jours, elles évoluent d'un rouge vif à un rose en passant par une couleur brunâtre pour finir par des pertes claires. Leur quantité est élevée les premiers jours puis s'amenuise progressivement. Notez cependant qu'il est fréquent qu'il y ait une recrudescence de sang autour des douze jours. Vous entendrez alors parler du « petit retour de couches ». Cela est en lien avec la chute hormonale mais n'a rien à voir avec le retour de couches à proprement parler qui signifie le retour des règles*.

Quand faut-il consulter un professionnel de santé ?

- Si vous présentez de la fièvre, de fortes douleurs au ventre ajoutées à des pertes qui sentent très mauvais, il sera important de consulter rapidement un professionnel de santé.
- Si les pertes contiennent encore de gros caillots plusieurs jours après l'accouchement.
- Si vos lochies continuent six à huit semaines après la naissance.
- Si vous êtes inquiète. Faites-vous confiance, qu'elle soit justifiée ou non, une inquiétude a besoin d'être considérée

* Le retour de couches désigne le retour des règles après un accouchement. Il ne se produit pas au même moment pour toutes les femmes, variant généralement entre quatre et dix semaines pour les femmes n'allaitant pas et entre six mois et jusqu'à la fin de l'allaitement pour les autres.

et entendue. Si vous hésitez à vous déplacer, vous pouvez commencer par demander l'avis d'un professionnel par téléphone (votre sage-femme, votre gynécologue, la maternité).

Que faire ? Comment s'équiper ?

En pratique, il n'y a qu'à laisser faire le processus et à s'équiper pour épargner votre linge de lit et vos vêtements. Pour cela les protections hygiéniques très absorbantes* et les grandes culottes en coton ou les si charmantes culottes-filet seront vos alliées. Les alèses et des habits qui ne craignent pas les taches vous rendront aussi de fiers services.

Pendant les lochies, votre col de l'utérus est encore ouvert, il est donc important de ne pas introduire de tampon ou de coupe menstruelle durant cette période.

Déchirure ou épisiotomie

La cicatrice d'une déchirure ou d'une épisiotomie peut causer quelques désagréments telles des douleurs, des sensations de tiraillement au niveau des points ou des sensations de brûlure quand l'urine entre en contact avec la plaie.

Voici des éléments simples qui permettent d'apaiser les sensations désagréables d'une cicatrice ou d'en faciliter la cicatrisation :

---

* Certains services de maternité en proposent. Il faudra dans tous les cas en prévoir pour votre retour à la maison. Vous pourrez en acheter en pharmacie ou sur Internet sous le nom de serviette gynécologique ou serviette hygiénique de maternité.

Sur le plan de l'hygiène

- Se laver quotidiennement, avec délicatesse et en utilisant des produits ne contenant pas de parfum ou autres éléments irritants (vous pouvez utiliser un savon biologique pour bébé sans parfum ou bien de la teinture mère de calendula diluée dans de l'eau).
- Sécher délicatement la plaie après la toilette.
- Changer régulièrement de protections hygiéniques.
- Éviter que la cicatrice reste en milieu humide vingt-quatre heures sur vingt-quatre, en la laissant à l'air libre quelques minutes par jour et en protégeant votre matelas au moyen par exemple d'une alèse.

Médication naturelle en application locale

- Se procurer du porphyral. Cette algue rouge facilite la récupération à la suite d'efforts physiques importants et accélère la réparation cutanée. Percer la capsule et appliquer localement.
- Appliquer de la teinture mère de calendula sur la cicatrice permettra de nettoyer la plaie et de faciliter la cicatrisation.
- Le miel non pasteurisé favorise également la cicatrisation.
- Compresse à l'hamamélis. Cela favorise la bonne circulation du sang, limitant les œdèmes et facilitant une bonne vascularisation, ce qui est favorable à la cicatrisation.

Homéopathie

- **Arnica montana** (7 CH) permettra de limiter les douleurs ainsi que les risques d'hématomes (5 granules, 2 à 6 fois par jour).

- **Staphysagria** (9 CH) facilitera la cicatrisation (5 granules 2 fois par jour).

Astuces

- En cas de sensation de brûlures au contact de l'urine, vous pourrez uriner sous la douche.
- Limiter la constipation, ce qui réduira les sensations désagréables au niveau de la cicatrice en cas d'efforts pour aller à la selle.

La constipation

La constipation est un problème ordinaire chez les femmes enceintes qui peut se prolonger pendant les semaines suivant l'accouchement.

Si besoin, demandez un suppositoire à la glycérine pour faciliter le processus au démarrage. Il est intéressant de disposer d'une réserve de suppositoires avant l'accouchement.

L'importance de la posture

L'idéal sur le plan physiologique est d'être accroupi. Sur nos toilettes occidentales, gardez le dos droit et légèrement penché en avant. C'est le moment d'utiliser votre petit banc sur lequel vous poserez les pieds et qui permettra de réduire l'angle entre les cuisses et le buste (voir illustration page ci-contre). Ainsi, le muscle pubo-rectal entourant le sphincter anal se détendra, permettant ainsi de libérer les selles plus facilement et sans pousser.

Surélevez légèrement vos pieds pour réduire l'angle entre le buste et les cuisses.

Précautions

- Ne pas pousser : cela fait ressortir notre ventre et maltraite les abdominaux et le périnée.
- Ne pas différer : rester à l'écoute des signaux, car plus on attend, plus augmente le risque de constipation.
- Privilégier une alimentation digeste (à base de liquides, de fibres, de légumes verts et de bons gras, voir les recettes en annexe).
- S'hydrater (entre 2 et 2,5 litres par jour si vous allaitez, sinon 1,5 litre).
- Si vous vous supplémentez en fer, privilégiez le fer liquide ou des granions de fer.

Alimentation

- Manger des légumes verts et de bonnes huiles.
- Trouver des sources de probiotiques comme les yaourts au lait biologique, le yaourt k-philus et le kéfir pour faciliter la digestion.
- Boire du jus de pruneau.
- Remède naturel : le sirop de pissenlit. Cette plante active l'énergie des intestins en douceur sans stimuler l'utérus.

Les hémorroïdes

La période post-partum est propice à l'apparition de crises hémorroïdaires, parfois très pénalisantes. Si vous avez des douleurs qui ressemblent à une crise hémorroïdaire sans hémorroïdes apparentes, il est aussi probable qu'elles soient localisées en interne.

Homéopathie

- Granules de Aesculus hippocastanum (7 CH), toutes les trois heures.

Astuces

- Le froid des bains dérivatifs permet de réduire la dilatation.
- Les suppositoires de glycérine sont aussi efficaces dans ce cas.
- Un complément alimentaire à base de vitamine C riche en bioflavonoïdes qui renforcent les vaisseaux sanguins et améliorent la circulation.
- Une séance d'acupuncture ou des points de shiatsu.

À éviter absolument

- La bouée sur le siège des toilettes. À cause du vide, elle va générer une augmentation du flux sanguin et aggraver les hémorroïdes. Pour la même raison, ne pas rester trop longuement sur les toilettes.
- Une alimentation grasse, la charcuterie, le chocolat, le poivre.

Douleurs dorsales

Il est intéressant de consulter un ostéopathe durant la grossesse qui pourra prévenir certains déséquilibres par la suite. L'idéal est d'avoir recours à une sage-femme ostéopathe qui sera autorisée à faire des manipulations internes. Un ostéopathe spécialisé dans la maternité sera aussi intéressant. Voyez s'il peut se déplacer à votre domicile.

Les contractions de l'utérus ou tranchées

Vous pensiez en avoir terminé avec les contractions depuis la délivrance du placenta ? Eh non ! Elles se poursuivent durant deux à quatre jours après l'accouchement. Ces contractions travaillent à comprimer les vaisseaux sanguins de l'utérus et ainsi limiter les saignements des premières semaines. Leurs douleurs augmentent au fur et à mesure des grossesses.

Ces contractions accomplissent un exploit. Elles travaillent pour que votre utérus, qui s'était étiré jusqu'à flirter avec le volume d'une grosse pastèque, retrouve sa taille initiale, celle d'une figue. C'est ce processus qui vous permet de retrouver votre corps de femme et de pouvoir peut-être un jour enfanter à nouveau. C'est désagréable mais bénéfique !

Le remède : restez allongée et posez la fameuse bouillotte bien chaude sur votre bas-ventre.

Cicatrice de césarienne

Entre tiraillement, étrangeté et douleur, la trace du passage du bébé par césarienne n'est pas toujours facile à vivre.

Comment prendre soin de votre cicatrice de césarienne ?

Il sera important de la ménager, de la traiter avec douceur et de bien la sécher après une douche.

- Pensez à masser régulièrement votre cicatrice pour l'assouplir et limiter les adhérences.
- Les premiers jours, après les avoir soigneusement lavés, posez vos doigts aux alentours en faisant légèrement bouger la peau sans exercer de pression. Allez-y en douceur, prenez le temps de vous réapproprier cette zone de votre corps.
- Une fois la plaie cicatrisée, massez vigoureusement plusieurs fois par jour avec de l'huile d'amande douce ou un mélange adapté.
- Si le massage de votre cicatrice vous incommode, il est possible de consulter un kinésithérapeute ou un ostéopathe qui permettra d'amoindrir d'éventuelles adhérences.
- Un cataplasme d'argile verte peut également être appliqué deux fois par semaine.

Dans quel cas consulter ?

Si, dans les jours qui suivent la naissance, la cicatrice devient rouge et douloureuse et que vous avez de la fièvre, il est important d'en faire part à un professionnel médical.

Pour plus de renseignements sur les suites d'une césarienne, nous vous conseillons vivement de consulter le site l'association Césarine : www.cesarine.org.

25

Préserver son périnée : commencez dès la naissance

Préserver son périnée n'attend pas la fin du Mois d'Or. Dans le flot d'actions de la période postnatale, rythmée par les soins du bébé, les visites, les maux du post-partum, les aînés pour certaines et la foule d'imprévus, la tendance est de se consacrer à tout ce qui nous entoure sauf à soi. Alors qu'il est un endroit du corps dont les besoins d'attention et de soin sont alors très importants, à la fois sur le court et pour le long terme, il s'agit du périnée.

Le rôle du périnée

Au sein de ce processus de récupération, le rôle du périnée est fondamental, car c'est à lui qu'on doit le maintien du fœtus pendant la grossesse, c'est-à-dire plusieurs kilos durant les derniers mois ; il est aussi le socle, le soutien d'un certain nombre de vos organes internes. Or, en période postnatale, le corps féminin est comme un panier sans fond. Votre tonus musculaire est faible. Il ne peut vous permettre de retenir vos organes sans fragiliser les tissus périnéaux… C'est pourquoi, la zone du périnée a tant besoin d'être préservée puis tonifiée.

Une caractéristique de ce temps particulier du Mois d'Or est la rétraction : celle de l'utérus, de l'ensemble des ligaments du bassin et les abdominaux. Ce mois constitue la dernière étape de sa transformation durant laquelle l'ensemble musculaire du périnée a porté et soutenu le bébé vers sa sortie. La naissance s'est construite autour de trois grands temps : les neuf mois de grossesse, temps de la croissance, ont distendu les tissus et les muscles jusqu'à son apogée, puis les contractions, et enfin l'accouchement et le passage du corps du bébé.

Durant l'accouchement, les parois externes du périnée sont traversées de part en part par le corps du nourrisson. C'est un choc important, en particulier s'il s'agit d'une première naissance. Enfin, après la délivrance, s'amorce le mouvement d'involution. Ce mouvement comportant un risque d'affaissement des muscles et des ligaments, déjà fragilisés, et, s'ils ne sont pas correctement préservés, d'un affaiblissement des fonctions gynécologiques. Sur le plan corporel, la période du Mois d'Or est donc celle de la rétraction, du retour aux limites, tout en douceur.

La conscience de travailler sur le périnée durant la période post-accouchement au bénéfice de la santé corporelle des femmes émerge peu à peu. En effet, les suites de couches constituent une période unique sur le plan de la physiologie pendant laquelle les tissus distendus peuvent se rétracter.

Se préoccuper de son périnée ne se réduit donc pas à une option bonus au sein du processus de remise en forme post-accouchement. C'est une opportunité rare pour regagner un état optimal. N'attendez ni ne retardez le moment de vous préoccuper de votre périnée car, hélas, il arrive encore d'entendre qu'il serait possible de patienter sans s'en soucier, jusqu'à la consultation des six semaines !

Mais qu'est-ce que ce fameux périnée ?

Si on le connaît, il s'agit en général du périnée extérieur, car sa découverte en profondeur rime hélas souvent avec l'apparition de problématiques de santé. Cet endroit pourtant essentiel du corps demeure ignoré par nombre d'entre nous. Regardons du côté de l'étymologie, on observe que « périnée » est issu du préfixe « péri », qui en grec ancien signifie « autour, à l'entour » ; son suffixe viendrait du latin *perineum* dont la traduction signifie « autour des voies évacuatrices » et du grec *perineos* pour qui la traduction est « autour du temple ». Le mot « périnée » renvoie donc au périmètre délimitant les voies évacuatrices pour les Latins, et désigne des voies plus sacrées pour les Grecs.

Sur le plan anatomique, que désigne-t-on par « voies évacuatrices » ? Il s'agit du système digestif inférieur, du système urinaire et du système génital. Le périnée comprend ainsi cet ensemble de muscles situé au niveau du bassin, formant comme un hamac tendu entre le pubis, l'anus et le coccyx et remontant à l'intérieur sur les plans moyen et profond. Au-dclà de la chair, comme l'envisageaient les Grecs, cet endroit du corps recèle une part d'intimité et de sacré, expliquant pourquoi son importance est aussi bien physique que psychique.

Pourquoi est-il important d'en prendre soin ?

Le périnée constitue un socle protecteur pour nos organes. L'avenir gynécologique des femmes dépend en grande partie des suites de couches. S'il est fragile, certains problèmes peuvent apparaître, entraînant des troubles de la continence, des descentes d'organes, et pouvant fragiliser le bon déroulement d'une grossesse prochaine, voire la possibilité de la mener à terme. Le périnée est aussi l'un des acteurs clés du plaisir sexuel.

Précisons que l'attention particulière à notre périnée ne se limite pas aux femmes dont l'accouchement s'est déroulé par voie basse. En effet, même si vous avez mis au monde votre bébé par césarienne, c'est votre périnée qui a supporté le poids du bébé tout au long de la grossesse et qui s'est donc inexorablement étiré.

Sur des plans plus subtils, le yoga et la médecine chinoise considèrent le périmètre compris dans le périnée, de l'anus aux organes sexuels, comme le siège de notre énergie vitale.

Périnée et accouchement

Pour votre périnée, le passage de votre bébé a été une rencontre forte et puissante. La base musculaire du périnée est conçue pour s'ouvrir, les tissus et les ligaments ont été imprégnés d'hormones tout au long de la grossesse afin que ce petit miracle physiologique et biomécanique de la naissance s'accomplisse. Toutefois, à terme, la base périnéale a besoin de temps et de soutien pour se remettre en place, se muscler et recouvrer des fonctions optimales.

D'un point de vue psychologique, le vécu de l'accouchement influence le rapport au périnée : une mise au monde vécue dans la force ou la douceur, bousculée par des interventions musclées, le sentiment d'être respectée ou malmenée dans son intimité, une déchirure naturelle plus ou moins importante ou des interventions médicales comme l'épisiotomie, les forceps, la ventouse ou les spatules n'ont pas les mêmes répercussions psychologiques.

Comment prendre soin de ce périnée durement éprouvé ? D'abord en essayant de prendre conscience de cette zone du corps plusieurs mois avant, comme nous l'évoquions en partie II. Puis d'en prendre soin dès la salle d'accouchement et, bien sûr, tout au long du Mois d'Or.

Le périnée s'appréhende sous deux dimensions. La première relève de nos émotions, de notre psychisme, de notre lien avec notre intimité. La deuxième concerne la dimension physique, posturale et respiratoire. Allier ces deux dimensions permet de former un cercle vertueux.

Être en conscience à son corps et à son périnée

Le périnée est le siège de la puissance de notre féminin. Le moment de la grossesse est donc une belle occasion d'amorcer ou de renouer notre relation au périnée. Comment ? En étant attentive à cette zone plutôt qu'en l'oubliant. Maïtie Trélaün explique que le « périnée n'a pas besoin d'être fort, il a besoin d'être présent, d'être habité, de respirer* ».

Selon la médecine chinoise, l'ouverture subie par le périnée durant l'accouchement ainsi que les pertes de sang génèrent une fuite d'énergie. Il est donc vital que la mère se préserve pour, d'une part, ne pas augmenter la quantité d'énergie perdue, et d'autre part, récupérer. Dans ce sens, vouloir retrouver son tonus sans prendre en compte la nécessaire fermeture de

* Maïtie Trélaün, « Comment faire ma rééducation périnéale ? », « Le temps d'un thé », émission n° 47, blog Naissance 3.0 ; www.metamorphose-naissance.com.

cette base serait comme essayer de remplir un évier sans en avoir fermé la bonde.

Identifier les freins

C'est la qualité de présence à notre corps qui influera sur son état. En effet, certains comportements ou fonctionnements accentuent les pressions mentales et nous vident de notre énergie comme par exemple la tendance à faire les choses en force, tant sur le plan physique que psychologique, à ne pas s'écouter ni à se respecter.

Si notre corps nous gêne à cause de douleurs, d'un dégoût, d'un sentiment de honte peut-être causé par un traumatisme, alors il se voit désinvesti psychiquement, déserté, parfois dénigré. Ce processus de défense ne joue pas en notre faveur au moment de la mise au monde. L'enjeu consiste à pleinement l'investir, à lui apporter de la présence, de la considération, de la bienveillance et même de la reconnaissance et de l'amour. C'est ce corps qui nous a permis de devenir mère !

Le périnée pendant le Mois d'Or

Pendant l'accouchement, certaines positions limitent les pressions telles que les positions penchées en avant ou couchée latérale*. De même, la chaleur sur la zone au moment de l'expulsion est très bénéfique. Enfin, la conscience d'ouvrir et de ne pas bloquer permet d'éviter des dommages.

---

* Bernadette de Gasquet, *Trouver sa position d'accouchement*, Marabout, 2010.

Après la délivrance, visualisez votre périnée, votre utérus et l'ensemble de vos organes remontant tout en douceur à partir de votre base sur chaque expiration.

Le périnée est pleinement lié à notre posture et à notre respiration. Afin d'approfondir ces questions, nous vous encourageons à lire les différents ouvrages de Bernadette de Gasquet sur le sujet.

Le bandage du bassin : un trésor universel

Dès la table d'accouchement, la priorité est de rééquilibrer et de refermer le bassin puis d'aider les organes à se remettre en place. L'importance de l'équilibre du bassin est prise en compte dans de multiples cultures. La plupart en souligne l'importance au niveau physique, alors que certaines traditions, comme au Japon, y voient même un enjeu pour l'équilibre émotionnel et psychique de la jeune maman. Deux points principaux sont communs à ces différentes pratiques. Tout d'abord, l'importance est accordée dans le fait de remonter les organes de manière plus ou moins directe*. Dans un deuxième temps vient une pratique de resserrage et de rééquilibrage du bassin.

Ces pratiques ne sont pas réservées aux sociétés traditionnelles et peuvent se vivre aujourd'hui, quel que soit l'endroit où l'on accouche.

---

* La pratique de la fausse inspiration thoracique décrite dans le chapitre « Des outils pour le corps et l'esprit » est tout à fait indiquée.

Le bandage du bassin par le médecin Bernadette de Gasquet

Nous lui avons demandé de nous expliquer les profondes modifications du corps maternel qu'entraîne le passage du bébé. Et pourquoi le bandage du bassin est alors une pratique très bénéfique.

Les preuves scientifiques

Juliette Danis, étudiante sage-femme, a réalisé son mémoire de fin d'études sur le sujet du bandage à la maternité Jeanne de Flandre, la plus importante maternité publique de France.

Son questionnaire s'appuyant sur une échelle de qualité de vie, sur le soulagement des douleurs lombaires, sacro-iliaques, sur la sensation de pesanteur et l'inconfort périnéal a révélé un bien-être incontestable auprès des jeunes accouchées chez qui le bandage était posé.

Il a été également possible de réaliser une IRM avec une maman, avec et sans le bandage, qui a montré qu'il n'est pas un acte de simple confort ou de cocooning. Les sacro-iliaques sont bien maintenues, la vessie et l'utérus ne sont pas à la même place. Ce geste simple, qui ne demande aucun matériel, devrait être appris par les parents et guidé par l'équipe médicale.

L'ouverture du bassin

Voici ce qui se produit lors de la naissance du bébé : le bassin de la mère doit s'adapter à un processus complexe pour permettre l'entrée du fœtus dans le haut de la coupe osseuse (détroit supérieur), la descente avec un rétrécissement important, les épines sciatiques ou détroit moyen, puis la sortie à travers le périnée (détroit inférieur).

Quand cela s'ouvre en haut, cela se referme au niveau moyen et inférieur, quand cela s'ouvre en bas, cela se referme plus haut...

La nature a prévu ces adaptations. Toutefois, la fermeture du détroit moyen et inférieur n'est pas parfaite, en particulier à cause de la position gynécologique, et d'autant plus lorsque le passage s'est fait en force. Il est donc logique, pour les bipèdes que nous sommes, d'aider à ce retour vers la position de base.

Dans ce sens, il ne viendrait pas à l'idée d'un médecin ou d'une sage-femme de ne pas recoudre un périnée déchiré en profondeur ou une épisiotomie. Or, on ne referme pas le bassin ! Et on encourage la femme à se remettre debout au plus vite. Dans toutes les traditions, des manœuvres pour refermer, rééquilibrer sont pratiquées. Et comme le phénomène hormonal rend les articulations très mobiles, il est impératif de maintenir cette fermeture. Ce qui explique la nécessité du bandage du bassin. Dans l'idéal, il précède l'acte de poser le pied par terre afin d'éviter de fixer une asymétrie et de précipiter les viscères (en particulier l'utérus vide) dans le vide vaginal.

Lors des formations de sages-femmes, je leur enseigne toujours cette technique et les fais pratiquer sur elles-mêmes afin qu'elles le vivent à la fois en tant que sujet et en tant que professionnelle. Le bon positionnement est essentiel, car le serrage doit être puissant. Il faut l'avoir ressenti. Malheureusement, il est rare qu'elles aient le temps de le proposer en salle d'accouchement.

Temps essentiel : le placement

La femme est allongée sur le dos, genoux presque tendus. Il faut alors étirer le dos pour que la cambrure disparaisse, sans contracter les abdominaux. Le mieux est d'aider par un tissu sous les reins que l'on retire pour réaliser ce mouvement de « contre-nutation sacrée* ».

---

* *Cf.* Les livres *Bien-être et Maternité* ou *Mon corps après bébé*, *op. cit.*

Afin d'effacer la cambrure et les tensions tout en retenant le dos et les jambes, placer un petit coussin sous les genoux et laisser la détente s'installer, les jambes presque allongées.

Il faut remonter les viscères, en particulier l'utérus qui a pu être entraîné vers le bas par les poussées d'expulsion ou pour la délivrance (sortie du placenta).

On pourra donc utiliser la fausse inspiration thoracique*, c'est-à-dire une respiration qui imite une inspiration en remontant la poitrine, mais sans laisser rentrer d'air. Ce qui provoque une sorte de succion des organes situés au-dessous du diaphragme.

Il suffit de bien allonger la nuque, de mettre une main sous l'occiput (la bosse à la base du crâne), d'expirer sans forcer. On ferme alors la bouche et on se bouche le nez avec les doigts au niveau des fossettes nasales : l'air ne peut donc pas rentrer. On fait le geste de « renifler », nez bouché, bouche fermée, en appuyant la tête sur la main, le menton bien rentré. On doit voir le ventre se creuser, la poitrine remonter. C'est très puissant.

On place alors le bandage, non élastique, de 6 à 8 cm de large : un paréo, une écharpe, un drap bien replié font l'affaire. Il faut être deux, un de chaque côté du lit.

Le tissu passe sous la partie la plus saillante du sacrum. Pour repérer le bon placement sur le côté, il faut écarter une cuisse vers l'extérieur, genou tendu soutenu par celui qui effectue le bandage. On repère facilement l'articulation entre le fémur et le bassin. On fait de même de l'autre côté. Le tissu doit passer à ce niveau, l'articulation au milieu du tissu. Devant, on passe juste au-dessus de la symphyse pubienne (os sur lequel poussent les poils pubiens). Il s'agit du même emplacement que la ceinture de maintien du bassin.

On croise alors les pans du tissu puis on les serre avec fermeté. Les cuisses doivent tourner vers l'intérieur. Il faut faire deux

---

* Vous trouverez les indications pour pratiquer la fausse inspiration thoracique dans les exercices de yoga proposés au chapitre suivant.

tours avec le tissu pour éviter qu'il ne glisse. On berce alors quelques minutes, il s'agit de bercer et non de secouer, puis on stabilise le tissu en dessous du bassin.

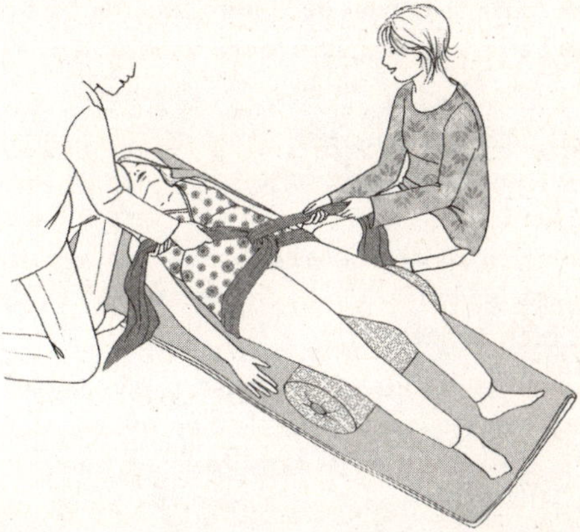

Si on peut garder ce bandage durant les deux heures au moins qui suivent l'accouchement, avant de se relever, c'est déjà bien. Une fois debout, la ceinture de maintien du bassin est plus pratique, car le tissu remonte et ne gêne plus.

Si vous ne pouvez pas faire ce rituel sur la table d'accouchement, vous pourrez le faire dans la chambre. Et renouveler sans limitation à la maison, même en dehors de la maternité, c'est toujours bénéfique ! Au Maghreb, le bandage est renouvelé tous les jours pendant au moins vingt et un jours et jusqu'à quarante. Mais les femmes restent couchées !

On retrouve des pratiques équivalentes au Japon, avec un bandage en épi, remontant, ou une gaine qui s'ajuste bien en bas mais ne serre jamais à la taille. C'est un enveloppement remontant non élastique, qui rapproche les grands droits et oblige à un minimum de redressement. Le modèle adapté aux bassins européens s'appelle la gaine Hobby (Physiomat).

Points de vigilance

- Attention, je retrouve très souvent le tissu trop haut, ou trop large, appuyant sur les ailes iliaques, ce qui est justement l'inverse de ce qu'il doit faire.
- Il ne faut pas oublier de bien replacer le bassin avant de resserrer. La sensation doit être immédiatement agréable dans le bas du dos, dans le périnée.
- Il est possible de le faire en cas de césarienne. Mais l'appréhension normale de la femme doit être anticipée : on ne touche pas le ventre. On tire le tissu croisé vers le haut, vers chacune des aides, ce qui détend la cicatrice et soulage beaucoup la tension dans le ventre. On pourra utiliser la ceinture ou la gaine dès le premier lever.

Certaines maternités (Besançon, par exemple) font ainsi un gainage très enveloppant dès le bloc chirurgical en cas de césarienne. Les mamans peuvent beaucoup mieux se mouvoir, car l'utérus ne bouge pas. Cela diminue les problèmes circulatoires et facilite les soins du nouveau-né.

Limiter les pressions pour préserver son périnée

Comme nous l'expliquions plus haut, une femme à la sortie de son accouchement doit considérer son corps comme un panier percé, sans musculature ni abdominaux. Avant de penser à renforcer son périnée par toutes sortes d'exercices, il est d'abord question de le préserver ! Ce n'est pas au lendemain de l'accouchement que l'on travaille pour tonifier son périnée ou qu'on se lance dans un renforcement musculaire intensif. Il s'agit, en revanche, de le protéger et de s'y relier, ce qui commence dès la table d'accouchement.

La posture et les bienfaits de l'horizontalité

Dans les heures qui suivent la naissance, restez autant que possible à l'horizontale ! Il est capital de laisser à votre corps le temps de se remettre. Dans nos sociétés modernes actuelles, on se représente la mère idéale comme autonome et dynamique dès les premiers jours. Cette image nous induit en erreur et nous empêche trop souvent de nous autoriser à respecter le rythme de notre corps. Il a fallu neuf mois au corps de la femme pour se transformer, il lui faudra entre un à six mois pour retrouver son équilibre et son fonctionnement à tous les niveaux : peau, système cardio-vasculaire, digestif, veineux, urinaire, etc. Laissons-nous du temps et respectons cette temporalité biologique !

Le postulat est le suivant : vous n'avez plus la musculature adaptée pour tenir debout longtemps et pour retenir vos organes internes sans risquer de fragiliser votre base encore distendue. L'idée est simple : éviter la pesanteur, donc éviter la verticalité en faveur de l'horizontalité. En position verticale, la puissance de gravité attirera inexorablement vos organes vers le bas. Évitez donc de vous mettre debout ou de marcher juste après la naissance. Imposer des pressions trop précocement risque de fragiliser votre périnée et de favoriser des problèmes de descente d'organes. Cette règle de l'horizontalité est capitale durant les premières heures et les premiers jours, elle est aussi à privilégier tout au long du Mois d'Or ! On parle traditionnellement des vingt et un premiers jours comme étant la phase clé pour mettre en place les pratiques de prévention : horizontalité, bandage du bassin quotidien, limitation des efforts au maximum.

Favoriser les positions horizontales revient donc à augmenter le nombre d'activités en position allongée. Allaiter*, téléphoner, raconter une histoire, lire, recevoir une amie tout en restant allongée dans notre lit ou sur une banquette, c'est possible ! Cela rejoint l'importance d'organiser un espace de maternage confortable comprenant un maximum de proximité. Pourquoi vouloir se relever quand quelqu'un entre dans la pièce ? C'est une question d'habitude, d'organisation et d'état d'esprit, car sachez qu'en restant allongée, votre périnée vous remerciera.

Certaines recommandations présentent l'intérêt de nous lever après l'accouchement pour limiter les risques de phlébites. Si ce risque est important à considérer, il est intéressant de noter que d'autres moyens de les limiter en activant la circulation et les muscles de façon douce et appropriée (massages, exercices adaptés**) existent.

Toutefois, il ne s'agit pas d'être obligatoirement allongée vingt-quatre heures sur vingt-quatre. Ce qui est certain est que durant les vingt et un premiers jours succédant votre accouchement, il est vivement conseillé que le temps en position horizontale soit supérieur au temps passé à la verticale. Qu'est-ce que vingt et un jours dans une vie, pour vous permettre d'être plus en forme sur le long terme ? Maintenant que vous êtes convaincue de l'importance pour votre corps de

---

* Des postures d'allaitement en position allongée sont illustrées dans la partie VI.

** Vous trouverez dans la partie suivante des exercices de yoga qui stimulent la circulation sanguine et limitent ainsi les risques de phlébite sans pour autant fragiliser le périnée : postures inversées (posture de détente avec une chaise ou jambes levées contre le mur, demi-pont), fausse inspiration thoracique.

pratiquer l'horizontalité, sachez tout de même qu'être assise ou debout de temps à autre est possible en respectant certaines précautions et bonnes habitudes.

La recherche de l'étirement

Dans chaque posture, à chaque instant, il s'agira de rechercher l'étirement aini que l'éloignement entre la nuque et le sacrum. Allongée, assise ou debout, votre maître-mot doit être l'étirement. Une posture avachie, le dos arrondi ou cambré exerce une poussée sur vos organes vers le bas et engendre donc des pressions sur votre périnée. Dans cette optique, résistez à la tentation de vous affaler dans des coussins.

Bénéfique pour le périnée, l'étirement du dos soulage aussi les tensions dorsales et les douleurs associées. Dans la vie de tous les jours, il est conseillé de pratiquer des mouvements qui augmentent l'étirement entre votre nuque et votre sacrum. Vous pouvez imaginer que le sommet de votre crâne est tenu par un fil s'étirant vers le ciel, puis posez votre conscience sur votre périnée, sentez votre base et invitez-la à se diriger subtilement vers le haut. Si vous souhaitez faire une petite marche, essayez de faire en sorte qu'elle soit courte et éloignée d'autres efforts.

Exercice pratique

Trouvez un meuble à hauteur de votre bassin tel qu'un lavabo, un plan de travail, une table, un dossier de fauteuil : les avant-bras l'un sur l'autre, front posé dessus, les fesses tirées en arrière, les jambes perpendiculaires au buste. L'idée est de ne pas reculer les pieds afin de ne pas cambrer, ni d'avoir un support trop bas afin de ne pas arrondir le dos (vous devez former un angle droit). Sentez votre dos qui s'étire, balancez-vous en douceur et respirez. Vous pouvez également pratiquer ce même étirement les bras tendus.

L'intérêt des accessoires

Pour permettre l'étirement, aidez-vous d'accessoires. Quand vous êtes allongée sur le côté ou sur le dos*, réduisez votre cambrure à l'aide de coussins placés sous les genoux ou sous les cuisses. Quand vous êtes assise, placez un petit banc sous vos pieds, inclinant les jambes et réduisant l'angle entre vos cuisses et votre buste afin qu'il soit inférieur à 90 degrés. Ces conseils sont valables dans la vie de tous les jours, pendant un repas, pour donner le sein ou le biberon.

---

* Retrouvez ces conseils illustrés dans la partie VI sur l'allaitement.

Les précautions pour la posture debout

Une aide précieuse en posture debout : le port de la ceinture Physiomat* recommandée dans la partie II. Elle maintient votre bassin resserré et préservera votre périnée de pressions excessives. Si des sensations de pesanteur se manifestent dans le bas du ventre malgré ces précautions, il conviendra de s'arrêter et de s'allonger, en surélevant si possible le bassin afin de réduire l'appui sur le périnée et faciliter la circulation sanguine. Des pratiques de yoga comme les postures inversées, les quatre pattes et la fausse inspiration thoracique seront tout à fait appropriées pour soulager votre base**.

Limiter au maximum la constipation

Lutter contre la constipation est déterminant pour réduire les facteurs de pressions périnéales. Quand vous venez d'accoucher, il est normal de ne pas aller à la selle pendant les deux ou trois premiers jours. Il est cependant important de ne pas repousser le moment propice à cause de peurs, cicatrices, hémorroïdes, sensation de pesanteur, ou de circonstances extérieures, le bébé qui pleure, la sage-femme qui passe, le repas qui est servi, une visite. L'écoute de vos besoins physiologiques doit être prioritaire et bénéficier de conditions favorables. Pour faciliter le passage, des solutions sont proposées dans le chapitre sur la manière de soulager les maux du post-partum.

---

* Ceinture disponible en ligne sur le site www.physiomat.com. Soyez attentive à respecter les indications de la notice pour la porter de façon adaptée.

** Voir le chapitre 26 : « Des outils pour le corps et l'esprit ».

Attention aux efforts

Mettre en place les conditions favorables en aménageant son espace avec une Thermos à proximité, des repas servis, une table basse, comporte un intérêt accru au regard de l'enjeu autour du périnée. Chaque jour sans efforts, sans port de charge ni de marche prolongée, est un jour gagné pour la santé à long terme de votre périnée. Pendant le Mois d'Or, considérez que vous ne devez pas porter de poids supérieur au poids de votre bébé. Et même pour porter cette petite merveille de 3,5 kg, des précautions sont à prendre*. Pour celles qui ont des aînés, prenez-les sur vos genoux, asseyez-vous à côté d'eux, câlinez-les mais, autant que possible, évitez de les porter à bout de bras, au moins durant les vingt et un premiers jours. Aménagez votre espace selon ces deux principes : le moindre effort et l'importance du dos droit (hauteur du lit de bébé, de la baignoire et de la table à langer).

La règle d'or : l'expiration à l'effort

Avant tout effort, exercez une légère contraction du périnée, comme pour vous retenir d'uriner, et expirez, en remontant votre périnée en douceur à partir de sa base. Ce réflexe s'applique jusqu'aux efforts les plus infimes du quotidien, comme se relever de son lit, monter des escaliers, se pencher, se lever, attraper votre bébé ou toute autre charge. Si les efforts doivent s'associer à une expiration, faut-il encore que celle-ci soit correcte.

Pour bien respirer, commencez par une expiration partant du bas de votre ventre et qui associe le périnée, avec une inten-

* Voir partie VI, chapitre 26, « Porter son bébé ».

tion de le remonter vers le haut en douceur*. Puis, quand vos poumons sont vides, inspirez en laissant votre ventre se relâcher et se gonfler naturellement. Le principe d'étirement dont nous parlions plus haut joue un rôle fondamental dans ce processus de respiration, car si vous êtes courbée ou cambrée, votre diaphragme ne sera pas en mesure de fonctionner de façon optimale.

Après l'accouchement, en particulier en cas d'épisiotomie ou de déchirure, on peut se sentir fragile, on n'ose pas toujours mobiliser son périnée. N'ayez pas peur, l'activer par de légères contractions et des remontées sur l'expiration ne vous fera aucun mal. Mieux, cela pourra assouplir les tissus, encourager la circulation facilitant ainsi la cicatrisation et diminuer les douleurs de la cicatrice elle-même, ainsi que d'éventuelles gênes ligamentaires, sacro-iliaques ou de la symphyse pubienne. Donc, ne vous privez pas : expirez et remontez le ventre depuis sa base avant et pendant l'effort ! C'est une excellente habitude à intégrer pour préserver son périnée sur le long terme !

Les bons réflexes à adopter

- Favoriser les postures à l'horizontale, les postures penchées en avant (quatre pattes et variantes) ou inversées.
- Pratiquer régulièrement la fausse inspiration thoracique.
- Détendre le corps : relâcher les tensions additionnelles (nuque, dos, bras).

* Si vous ne sentez pas votre périnée à la suite de l'accouchement, visualisez ce mouvement de contraction et de remontée. Cela sera tout de même effectif pour accélérer sa récupération.

- Si c'est le cas, massez votre cicatrice dès que celle-ci n'est plus à vif et avant que les tissus ne se rigidifient. Cela contribuera à sa vascularisation, à sa souplesse en limitant d'éventuelles adhérences. C'est également favorable sur le plan du confort lors de la reprise de vos relations sexuelles.

Des habitudes pour le long terme

Ces habitudes sont essentielles pendant le Mois d'Or, mais il est recommandé, à terme, de les intégrer à votre vie quotidienne :

- Prendre conscience de sa posture et développer le réflexe de l'étirement et du dos droit (éviter toutes les positions cambrées ou recourbées).
- Bien respirer au quotidien, comme mentionné plus haut.
- Développer une présence à sa base périnéale.

Les pratiques à éviter

- S'adosser à des coussins ou des oreillers, qui ont pour effet de bloquer le diaphragme, la circulation, le transit, ce qui pousse en permanence les organes vers le périnée.
- Utiliser une bouée, car cela crée une zone de vide et augmente l'effet de pression sur le périnée et de problématiques circulatoires.
- S'asseoir sur une seule fesse, cela déséquilibre le bassin et crée des tensions.
- Poser votre bébé en appui sur votre ventre. Préférez le poser sur votre poitrine ou sur un coussin posé sur vos genoux.
- Rester longtemps en position debout.

- Porter des poids.
- Plier votre dos pour vous baisser.

26

Des outils pour le corps et l'esprit

Tensions dans le dos, périnée fragilisé, transit difficile, problèmes circulatoires, stress, instabilité émotionnelle, manque d'énergie et de confiance… Il n'est pas toujours facile de vivre un Mois d'Or reposant en étant confrontée à ces nombreux maux.

Le yoga, la respiration, la méditation, le shiatsu sont des options à explorer pour soulager notre corps et apaiser notre esprit.

Yoga, méditation, respiration

De nombreux professionnels déconseillent l'exercice physique avant la rééducation périnéale qui vient six semaines après l'accouchement. Ainsi préserverait-on le corps maternel qui vient de mettre un enfant au monde. Cependant, cette préconisation doit être nuancée. Après l'accouchement, le corps est en pleine rétractation naturelle : c'est une opportunité rare, un moment idéal pour pratiquer des exercices adaptés riches de bénéfices. L'enjeu consiste donc à être actrice de sa récupération tout en s'assurant de pratiquer sans risques.

Les postures et les exercices de respiration présentés ici sont accessibles à toutes, yoginis confirmées ou novices. Ils sont adaptés à cette période spécifique des six premières semaines après l'accouchement. Vous pourrez les pratiquer en série ou bien de manière isolée dans la journée, en fonction de vos besoins et de votre disponibilité. Ils sont l'occasion de partager un moment avec votre bébé, fait d'échanges de regards, de sourires, de caresses, et auréolé de votre incomparable présence.

Ayez à l'esprit que quelques minutes de yoga ou de méditation détiennent le moyen de vous ressourcer. Pensez donc à les intégrer dans votre quotidien.

Les essentiels

Offrez-vous un temps de ressourcement pour recontacter votre énergie, relâcher les tensions physiques, le stress et les perturbations émotionnelles. C'est l'occasion de remobiliser votre corps en douceur en favorisant l'écoute, le respect et la bienveillance envers vous-même. Pratiquez avec plaisir en laissant de côté la moindre velléité de performance.

Profitez-en pour vous intérioriser en étant attentive à vos sensations corporelles et à vos ressentis : vivez les postures de l'intérieur.

Accordez une attention spéciale à la respiration. Elle est le véhicule du *prana*, l'énergie de vie qui nous arrive au travers de l'air, des aliments et des liquides ingérés. Dans chaque posture : respirez ! La respiration, lorsqu'elle est ample, régénère à différents niveaux : physique, émotionnel, mental, énergétique. Elle se pratique toujours par le nez, sauf précision contraire.

Vous venez d'accoucher, voici trois conseils posturaux et respiratoires importants :

- L'expiration doit être doublée de l'intention de contracter et de remonter le périnée à chaque effort ou changement de position.
- Pensez à l'étirement du dos en permanence (assise en tailleur, debout, allongée).
- Au moment de vous allonger ou de vous relever : pensez à vous tourner sur le côté.

Le pouvoir de la visualisation : s'il est impossible de pratiquer une posture, visualisez-la. Se visualiser dans la posture parfaite produit un véritable effet sur le corps. André van Lysebeth, grande figure du yoga, pratiquait ses séances en les visualisant lorsqu'il était alité. Il disait aussi qu'elles avaient sur lui le même effet qu'une séance effective.

Ce que le yoga soulage

Les maux concernés sont nombreux : les hémorroïdes, les varices, les jambes lourdes, les risques de phlébite, la fatigue, les sensations de pesanteur, les fuites urinaires, les descentes d'organes, les diastasis, les douleurs de la symphyse, le syndrome iliaque, les tranchées, les problèmes digestifs, la constipation, les maux de dos ou les tensions musculaires.

Le yoga soutient également le processus essentiel d'involution de l'utérus et participe à la régulation du système hormonal. Il agit sur l'ensemble des fonctions physiologiques et manifestations émotionnelles qui en découlent.

Sur le plan mental ou émotionnel, le yoga, la respiration et la méditation influent aussi sur le stress, les insomnies, le manque d'énergie, la sensation de vulnérabilité et d'insécurité, les peurs, l'instabilité psychique, les fragilités émotionnelles, voire les risques de baby blues ou de dépression post-partum.

Si vous êtes sensible à la dimension vibratoire de la pratique yogique, sachez qu'il est bénéfique de démarrer et de clore un cours par la prononciation du son Om, trois fois, qui est une connexion à soi et à l'univers.

Huit postures de yoga pour le Mois d'Or

Chat qui fait ses griffes

À partir de la posture à quatre pattes, posez les coudes au niveau de l'emplacement de vos mains. Plantez vos griffes dans le sol, décollez les coudes du sol et tirez le fessier vers l'arrière. Respirez dans la posture.

- **Les bienfaits :** le soulagement du périnée et l'étirement des côtes et des épaules.

Posture de détente avec une chaise

Pour bénéficier pleinement des effets de la posture, il est important que votre fessier se retrouve sous l'assise afin que l'angle entre les cuisses et le ventre soit inférieur à 90 degrés. Respirez et détendez-vous !

- **Les bienfaits :** soulage le périnée et le bassin, facilite la circulation, détend le dos. Rester dans cette posture dix minutes équivaut à récupérer des heures de sommeil. Un bénéfice en or pour une jeune maman !

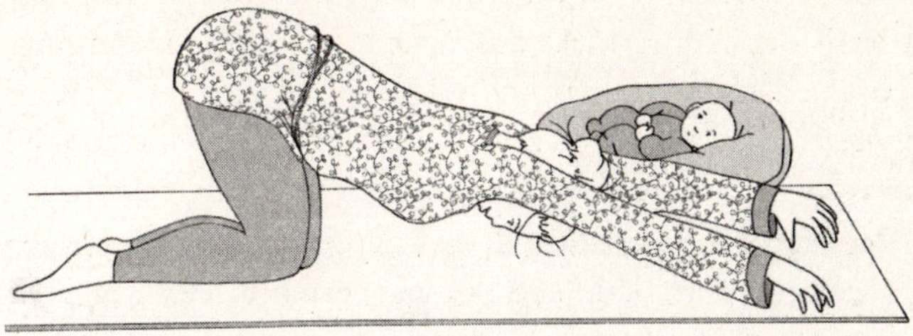

Chat qui fait ses griffes

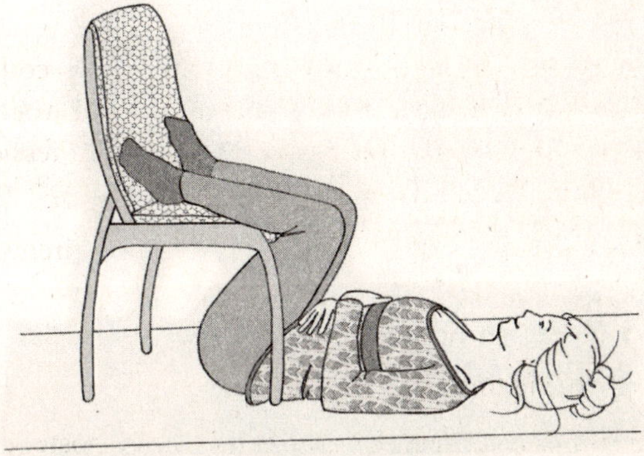

Posture de détente avec une chaise

Demi-pont

Il est possible d'introduire des variantes en posant ses pieds en appui sur une chaise ou sur un ballon calé sur un mur pour augmenter la hauteur.

- **Pour sortir de la posture :** descendre doucement en déroulant la colonne vertébrale, vertèbre par vertèbre, le bassin en dernier pour bien plaquer les lombaires au sol. Relaxez-vous.
- **Les bénéfices :** soulage et renforce le plancher pelvien, est favorable pour la circulation, le travail du fessier, du dos et l'oxygénation du cerveau.

Torsion au sol

- **Les bénéfices :** favorise le transit intestinal et soulage la constipation, détend l'ensemble de la colonne vertébrale et les muscles qui l'érigent, régénère l'ensemble des organes et du système nerveux dont le système parasympathique, ce qui favorise la détente.

Jambes levées en appui contre un mur (variante de la chandelle)

Les pieds sont soit flex (c'est-à-dire les orteils étirés vers soi) soit en mouvement flexion-extension.

- **Adaptation de la posture pour augmenter les effets :** en plaçant une couverture pliée sous votre fessier.
- **Les bénéfices :** agit sur le système veineux, donc soulage les hémorroïdes, varices, phlébites, draine, détend, régénère et diminue la fatigue.

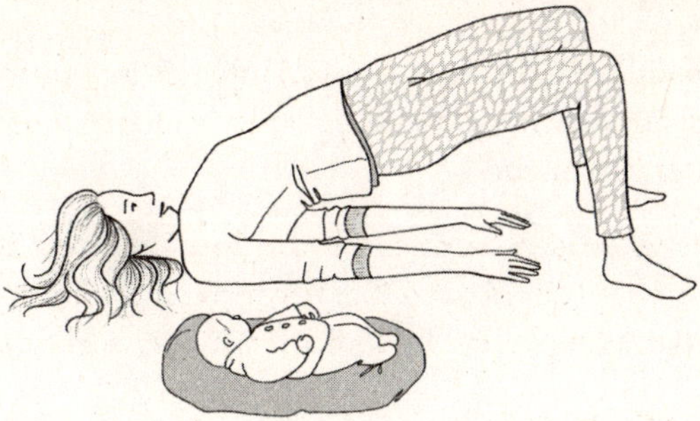

Demi-pont

Torsion au sol

Jambes levées en appui contre un mur

Torsion des jambes assises

Torsion des jambes assises (posture anti-sciatique)

Veillez à ce que votre colonne soit droite et que vos deux fesses soient à même hauteur. Si cela vous est inconfortable, abstenez-vous.

- **Les bénéfices :** soulage les douleurs sacro-iliaques (syndrome iliaque) et de la symphyse pubienne. Agit au niveau énergétique et psychique : travail sur l'ancrage, les peurs, la stabilité et la sécurité intérieure, le féminin sacré.

La fausse inspiration thoracique : l'incontournable du Mois d'Or

Dès la table d'accouchement, juste avant le bandage du bassin puis à pratiquer très régulièrement pendant les jours qui suivent.

La fausse inspiration thoracique, aussi appelée *Uddiyana bandha*, se pratique le ventre vide, à distance d'un repas. Elle se décompose en trois étapes :

- Expirez longuement, en remontant à partir du bas du ventre pour sortir l'air et surtout sans pousser vers le bas.
- Une fois vos poumons vidés, pincez-vous le nez, fermez votre bouche. L'air ne peut ni entrer ni sortir. Faites maintenant comme si vous inspiriez (tout en gardant bouche et nez fermés). Cela procure une sensation étonnante, vos côtes s'ouvrent, votre poitrine remonte, votre ventre se creuse. Et tous vos organes sont ainsi remontés, aspirés vers le haut.
- Tête au sol, menton légèrement rentré, sans pincer le nez : sentez votre ventre creux, votre poitrine, votre utérus et organes : ils sont rehaussés.

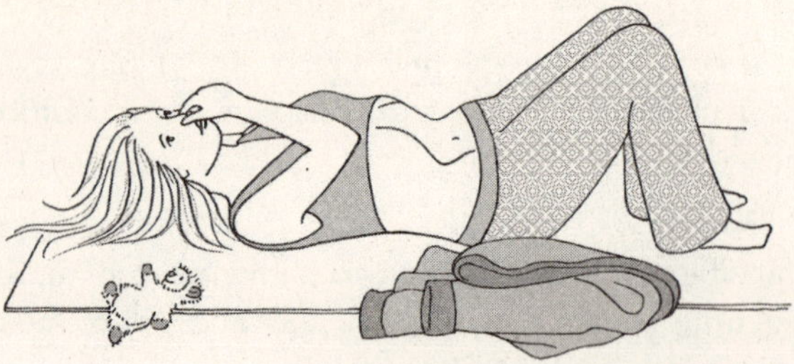

- **Les bénéfices :** rehausse l'ensemble des organes, donne de la liberté au diaphragme, soulage les pressions périnéales, facilite le transit et agit sur la constipation. Elle encourage la circulation sanguine et le drainage, stimule l'involution utérine et la vascularisation des ligaments, ce qui facilite leur rétractation et donc limite les risques de descente d'organes. Elle peut rapprocher les grands droits et renforcer la sangle abdominale, préserver ou amoindrir le diastasis ou le prolapsus.

Mouvement de renforcement du champ magnétique

Cette posture est issue de l'enseignement du Kundalini yoga.

- Inspirer, lever les bras au-dessus de la tête, dos des mains en contact.
- Expirer en redescendant les bras sur les côtés, bouts des doigts en contact avec le sol.
- Fin de posture : bras tendus vers le ciel, crochetez vos pouces. Centrée au troisième œil, étirez votre colonne, allez toucher les étoiles avec vos doigts et reliez-vous à l'infini.

Relâchez les bras, restez quelques instants les yeux fermés, visualisez que vous êtes dans une bulle lumineuse et harmonieuse.

Votre pratique de yoga évoluera au fil du Mois d'Or, en particulier aux paliers des vingt et un jours et des cinq à six semaines. Pensez à toujours respecter rigoureusement les conseils adaptés à l'état du corps durant cette période sensible. Pour découvrir de nouvelles postures et travailler en détail à une tonification progressive et efficace, nous vous conseillons vivement le livre de Bernadette de Gasquet spécialement consacré à la période postnatale. C'est une véritable mine d'or d'informations et de postures adaptées au post-partum.

Une pratique de yoga est toujours suivie d'une relaxation qui offre un état de détente profond et permet d'intégrer les énergies et les différents bénéfices des asanas.

La méditation

La méditation agit sur l'équilibre émotionnel, la confiance, la fatigue, le stress, la clarté mentale, la force intérieure. Vous pouvez la pratiquer de manière libre ou grâce à certaines techniques comme la cohérence cardiaque, le pranayama, la méditation de pleine conscience, les méditations de Kundalini yoga.

Le shiatsu

Le shiatsu, qui se traduit littéralement par « pression avec les doigts », est une discipline énergétique originaire du Japon qui se fonde sur la médecine traditionnelle chinoise.

Une séance de shiatsu peut être donnée dès les premiers jours de la naissance. Sa spécificité réside dans des tenues douces à pleines mains sur des zones spécifiques du corps, favorisant la récupération d'énergie pour la maman comme pour le bébé. Sur le plan physiologique, il soulage les douleurs à la suite de l'effort de l'accouchement, mais aussi dans le cas des douleurs d'épisiotomie ou de césarienne. Il soutient l'allaitement dans sa mise en place. Le shiatsu rétablit la circulation lymphatique et sanguine sollicitée pendant la grossesse. Sur le plan émotionnel, il accompagne le bouleversement hormonal et renforce le lien avec le nourrisson dans le cas d'un accouchement difficile*.

C'est au cours du Mois d'Or que le shiatsu permet à la femme devenue mère de se réapproprier son corps.

Des séances types pour les nourrissons en bonne santé peuvent être transmises aux parents pour favoriser détente, bien-être, renforcer le système immunitaire et soulager les maux des premiers mois.

N'hésitez pas, pendant votre Mois d'Or et les mois suivants, à vous offrir des séances de shiatsu auprès de praticiens spécialisés.

Le *rebozo*

Cette pratique d'origine mexicaine porte le nom du tissu utilisé pour l'accomplir. Un châle offert de manière traditionnelle, de femme en femme, qui sert à la vie courante, pour transporter du matériel ou des cruches d'eau et porter les

* Merci à Lidwine Delaunay-Bretécher, spécialiste en shiatsu traditionnel et maternité, pour ses explications sur les bienfaits de cette pratique.

enfants. Le *rebozo* est bénéfique pendant toute la durée de la maternité, de la grossesse au Mois d'Or. C'est une aide précieuse employée pour le serrage du bassin, le bercement du bébé et de la maman. Le *rebozo* se pratique également sous la forme d'un soin rituel de deux heures et demie offert par deux femmes à une autre femme. C'est un moment profondément ressourçant qui inclut un modelage à quatre mains, un hammam aux plantes et un enveloppement du corps en sept points clés. Ce rituel de passage permet de se recentrer, de recontacter sa vitalité, d'aborder une nouvelle étape de la vie ou de se libérer d'un vécu difficile (comme l'accouchement, par exemple). Nous ne pouvons que vous encourager à essayer le *rebozo* pendant votre Mois d'Or tant ses bienfaits sont puissants*.

La mise en pratique

L'ensemble des outils abordés dans ce chapitre (yoga, méditation, *shiatsu* et *rebozo*) sont développés dans les podcasts et vidéos des bonus en ligne (voir p. 403).

* Retrouvez les rituels du *gold blessing*, pour clore le Mois d'Or, dans la partie IX.

VI

Que vit votre bébé pendant le Mois d'Or ?

27

Une relation d'une exceptionnelle intensité psychique et affective

Le Mois d'Or consacre le rendez-vous de deux âmes. Des liens d'attachement, d'affection, de désir, de passion, d'angoisse se tissent au fil des jours. Être en lien est un art qui se construit à chaque instant.

La création du lien mère-enfant, voire sa réparation si les circonstances de la conception et de la grossesse ont été difficiles, est l'un des bénéfices de cette période.

Le lien commence dès notre premier souffle. À la seconde où nous quittons le ventre de notre mère se crée un premier contact subtil : l'air qui effleure les poumons du nouveau-né. Puis c'est un échange de regards qui consacre le passage dans la communauté des hommes. Pour lui, sa naissance marque le passage d'un monde à l'autre. Il passe de sa réalité aquatique à une réalité aérienne. D'ici une année, en commençant à ramper puis à se redresser, il rejoindra un peu plus le monde des hommes, parcourant à son échelle, en l'espace de quelques mois, les grandes étapes de l'évolution humaine.

Ces premiers gestes sont fondateurs, car la vie naît du lien. Notre culture, avec son hyperactivité et son culte de la vitesse, laisse peu de place aux relations qui, pour être profondes, exigent du temps. Pour créer, nourrir et renforcer la relation entre les parents et leur bébé, le Mois d'Or est un espace-temps privilégié.

Sur le plan du psychisme du bébé, depuis à peine un siècle, a émergé le concept de « psychologie prénatale », signifiant que le nourrisson est doué d'une conscience. Peut-être le savez-vous déjà d'instinct, cela vous paraît d'une telle évidence qu'il est inutile de le mentionner. Les médecins, grâce notamment aux travaux du docteur Frédérick Leboyer, ont pris conscience que le bébé est une personne douée de conscience et que, de ce fait, il méritait d'être respecté. La délicatesse dans les gestes à son égard est une première étape.

« Je me souviens de mon propre émerveillement, dix jours à peine après la naissance, quand mes enfants ouvraient grand leurs yeux en me voyant leur chanter ou leur murmurer des mots doux » (Sarah).

Un développement fulgurant

Pour le nourrisson, les deux premières années de vie représentent une période d'évolution incomparable. Pendant plusieurs décennies, les premiers mois de vie du bébé furent traités sous l'angle médical ou sous l'angle de la psychanalyse. Actuellement, le renouveau de l'expérimentation scientifique révèle des conclusions inédites.

Ces études montrent l'importance jouée par l'environnement et les interactions sociales dans le développement de l'enfant. Son évolution ne dépendrait ainsi plus uniquement de son capital génétique, mais comprendrait ces autres facteurs.

Les neurosciences ont révélé que les bébés font preuve d'une incroyable plasticité cérébrale pour s'adapter à leur environnement. Ces capacités sont dissimulées sous une apparence d'immobilité et de dépendance. En fait, le bébé serait un être social en transformation constante. « Les compétences des nouveau-nés et nourrissons sont préparées par le développement fœtal et s'actualisent dans la relation à l'environnement. Elles sont bien plus développées que leurs performances réelles, handicapées notamment par le développement moteur. La latence à exprimer ses compétences organise celles-ci pour permettre à la mère d'agir sur l'environnement, tandis que se forme un être social*. » Cette latence dans l'expression de ses compétences – marcher, parler, se nourrir seul – permettrait à la mère de modifier son comportement en fonction des réponses de l'enfant, en reprenant le principe qu'il existe toujours un décalage entre ses potentialités et ses réalisations. Cette latence donnerait ainsi à la mère et aux parents un peu de temps pour être prêts quand l'enfant agira, explique Jacques Dayan.

Cette période des premiers mois est donc celle de tous les possibles. Nous pouvons organiser l'environnement pour qu'il soit accueillant, chaleureux, riche en interactions et stimulant avant que le bébé ne devienne réellement actif.

---

* Jacques Dayan, « Le bébé des neurosciences est-il un bébé nouveau ? », *Spirale*, n° 76, Érès, 2015.

Un si fort besoin d'amour

Sur le plan émotionnel, les premiers mois jettent également les bases de la sécurité et de la confiance intérieure pour le nourrisson. En tant que descendant des primates, le petit humain manifeste sa détresse dès qu'il s'aperçoit qu'il est seul, éloigné de sa mère ou du groupe humain. Les hormones de stress – le cortisol – sont alors sensiblement plus élevées.

À cet égard, l'anthropologie prouve combien la compassion et l'empathie sont des qualités indispensables à notre évolution humaine. Elles sont même l'apanage de notre humanité. Ainsi, l'intensité des soins envers le jeune enfant jusqu'à la vie adulte sont des interactions sociales construisant son psychisme. Cela prouve ainsi le besoin vital de relations de notre espèce.

L'historienne des religions Karen Armstrong, qui œuvre à travers le monde pour développer la compassion et l'empathie, explique dans son livre *Compassion**, que plus que toute autre espèce, nous, les humains, dépendons radicalement de l'amour à travers les soins accordés au nourrisson, faible et dépendant.

Alors que la femelle reptile, après avoir pondu ses œufs, les laisse éclore dans une quasi-indifférence, nous les humains naissons prématurément, même comparés aux autres mammifères. Ainsi, là où les petits des autres espèces sont globalement autonomes après la naissance, le petit humain se trouve dans une dépendance totale à l'égard de ses parents. Il ne sort de cette immaturité primaire qu'autour de neuf mois.

---

* Karen Armstrong, *Compassion, manifeste révolutionnaire pour un monde meilleur*, Belfond, 2013.

Cette maturité tardive s'explique par l'histoire du développement de notre espèce. En effet, pendant des millénaires, notre néocortex s'est développé, augmentant la circonférence de nos boîtes crâniennes tandis que, du fait du passage à la position debout, notre bassin devenait plus étroit. Un crâne plus volumineux associé à un bassin plus étroit ont conduit à la nécessité vitale pour le fœtus de sortir plus rapidement du ventre maternel. Cette sortie en accéléré s'est associée à une autonomie très limitée, jusqu'aux premiers quatre pattes autour des neuf mois.

Les petits humains ont autant besoin de soins physiques qu'un fort besoin de relations, de sensibilité et d'attention pour grandir et s'épanouir. En somme, toutes ces qualités réunies composent une recette hormonale à base d'ocytocine qui pourrait s'appeler « amour ». Le regard de l'adulte sur le petit enfant ne se réduit pas à un acte de surveillance ou à une simple présence. Sa présence, lorsqu'elle est active, le porte, l'élève, le soutient. Dans ce sens, l'amour des parents requiert une attention dévouée et désintéressée.

28

Décrypter ses pleurs

De retour de la maternité, de nombreuses mamans peuvent se sentir très seules, en particulier au milieu de la nuit lorsque leur bébé ne se rendort pas. La nuit cristallise les peurs des jeunes parents. Pour un bébé qui vient de naître, tout l'environnement est nouveau bien qu'il soit déjà familier de votre voix, de votre respiration, de la voix du père, des autres enfants, ainsi que de ses propres mains. Certaines études ont révélé que le bébé était traversé par toute une gamme d'émotions proches de celles des adultes ; s'il ressent du plaisir et du déplaisir, il peut ressentir aussi de la peur, de l'inquiétude ou de la joie.

Catherine Dumonteil-Kremer, figure de la parentalité positive et créative, explique les sensations du bébé. « Il peut se sentir envahi, dérouté, terrorisé. Il ne sait pas que vous allez revenir si vous avez quitté la pièce. Il ignore de quoi la minute suivante sera faite, sa sensation de faim est une douleur atroce, il ne peut pas “attendre”. Dans ces conditions, les pleurs sont un mécanisme de décharge de toutes ses souffrances dont nous ne comprenons pas toujours les origines. Le bébé pleure pour évacuer les tensions dues aux tourments générés par l'absence de réponse. Il pleure parce qu'il reçoit toutes les expériences qu'il vit d'une façon extrêmement aiguë. Il nous est impossible de concevoir cette épreuve sensorielle. Mais nous pouvons l'accompagner, être là et essayer, même si cela nous semble complexe, d'apprendre à connaître les signaux par lesquels il exprime ses besoins de base*.»

Plusieurs moyens de communication s'offrent à lui : les sourires, les rires, les grimaces, et bien sûr les pleurs, le plus désarçonnant.

Quelques pistes pour tenter de décrypter le besoin de bébé en fonction des types de pleurs ?

- **Les pleurs de faim :** parmi les signes annonciateurs, le bébé bascule la tête sur le côté, les poings sont fermés et il les ramène à sa bouche, il peut téter sa propre langue. L'idéal est de répondre à ce besoin dès les premiers signes en proposant une tétée. En effet, si on les fait trop attendre, certains bébés sont pris par des sensations douloureuses et un sentiment de frustration intense. Les pleurs montent crescendo. Cette agitation les empêche alors de prendre le sein ou la tétine du biberon correctement. Dans ce cas, mieux vaut essayer de les apaiser au préalable en marchant ou en les berçant dans vos bras et en leur fredonnant des berceuses. Pour vous assurer qu'il s'agit bien de faim, vous pouvez également mettre la pulpe de votre petit doigt dans sa bouche vers le haut pour qu'il puisse la téter. S'il se calme, c'est qu'il s'agissait sûrement d'un simple besoin de succion, s'il refuse, alors l'heure est venue, mettez-le au sein ou donnez-lui le biberon si vous n'allaitez pas.

* Catherine Dumonteil Kremer, *Élever son enfant autrement, ressources pour une parentalité positive*, La Plage, 2016.

- **Les pleurs de douleur** : il est raide, le visage grimaçant, il est plein de tensions. Il fait des mouvements saccadés des jambes. Il peut s'agir de coliques. Dans ce cas, se retirer dans un espace calme à la lumière tamisée, poser son bébé face à soi sur les genoux, agripper ses jambes et les tourner délicatement dans le sens des aiguilles d'une montre, puis dans l'autre sens, ce qui activera le ventre et débloquera les congestions. Proposez-lui des positions de portage qui impliquent un appui léger sur son ventre comme illustré dans la partie suivante. S'il s'agit de reflux, favorisez les positions verticales ou semi-allongées qui limitent la douleur des remontées gastriques.

- **Les pleurs de fatigue** : dans ce cas, il porte les mains au visage et se frotte les yeux, il bâille, ses pleurs sont plaintifs. Il peut aussi se jeter violemment en arrière. La succion va l'apaiser en mettant un doigt dans sa bouche ou en lui donnant le sein. Accompagnez-le en douceur vers le sommeil*, l'heure est venue de tomber dans les bras de Morphée.

- **Les pleurs du change** : il pousse de courts gémissements. Problème, il n'apprécie pas d'être changé. La table à langer doit être dans une atmosphère chaude, placer un mobile au-dessus de la tête du bébé permettra de capter son attention. Avec des chansons et un massage, en lui expliquant vos gestes, le change peut devenir un joli rituel.

---

* Elizabeth Pantley, *Un sommeil paisible et sans pleurs, aider en douceur son bébé à dormir toute la nuit*, Ada, 2005.

- **Les pleurs du soir :** il est 19 heures, votre bébé ne cesse de pleurer et vous ne comprenez pas pourquoi, car tous ses besoins sont satisfaits. En fait, le bébé déchargerait le trop-plein d'émotion, de stress et de stimulation de la journée. Dans ce cas, ne pas s'effrayer, il faut simplement ne pas le laisser seul et le prendre dans ses bras sans forcément vouloir le consoler ou arrêter ses cris, en privilégiant une posture d'accueil. Si vous avez des doutes sur ses besoins, n'hésitez pas à lui parler, en lui disant par exemple : « Si tu as faim, montre-le-moi », ou simplement : « Je suis là. »

- **Les pleurs de la nuit :** le silence peut être une source d'angoisse pour votre bébé qui était habitué aux gargouillis de vos intestins et à d'autres sons. De plus, la nuit constitue un temps d'apprentissage pour les bébés qui mémorisent les nouveaux apports de la journée. Il a besoin de se sentir entouré et sécurisé. Votre simple présence est importante.

Des approches se développent pour tenter d'appréhender ces mystères. Priscilla Dunstan*, musicienne australienne à l'oreille absolue, a développé une technique de compréhension des pleurs du bébé par neuf sons réflexes. Ils seraient, selon elle, les mêmes chez tous les bébés et nous permettraient donc de disposer d'outils fiables pour traduire leur langage.

Ce sont là des pistes d'interprétation des pleurs mais gardez à l'esprit que la compréhension de votre bébé est une quête permanente, il n'existe pas de recette miracle. Il est possible que vous soyez un peu perdue au départ. Aucun parent

---

* Priscilla Dunstan, *Il pleure, que dit-il ? Décoder enfin le langage caché des bébés*, Jean-Claude Lattès, 2016.

ne détient un décodeur infaillible. L'essentiel consiste à supposer, essayer, se demander si les besoins de base* sont comblés, puis de montrer notre présence et notre amour, parfois cela fonctionne !

En résumé, votre bébé aura des besoins primaires, être nourri, être changé, être bien dans son corps, et des besoins affectifs. Ne craignez pas d'être proche de lui en le prenant par exemple dans vos bras ou en dormant près de lui, cela renforce sa sécurité affective et participerait activement au développement de son cerveau. En effet, selon la pédiatre Catherine Gueguen, spécialiste des neurosciences et du soutien à la parentalité, « c'est une relation empathique, aimante, soutenante et bienveillante qui permettrait un bon développement du cerveau. [...] Le materner, prendre soin de lui, le consoler, le rassurer, le sécuriser et cela à tout âge, engendrerait une sécrétion de molécule cérébrales qui font maturer le cerveau** ».

* La faim, le sommeil, une couche propre, avoir ni trop froid ni trop chaud. Besoin de proximité, de calme, de sécurité intérieure, de découvrir, d'observer, d'être en mouvement dans les bras de quelqu'un, de changer d'horizon et donc de pièce.

** Catherine Gueguen, « Faut-il laisser pleurer bébé ? De l'importance de prendre soin du cerveau du bébé », *Kaizen, Pour une enfance joyeuse*, hors-série n° 5, mai 2015.

29

Porter son bébé

Tenir son bébé tout contre soi est une des plus belles façons de lui proposer continuité, proximité et sécurité émotionnelle. Votre odeur, votre manière de vous mouvoir, de respirer, les sons de votre corps, votre chaleur, l'apaisent. Vous êtes son univers, son refuge. C'est aussi grâce à ces contacts de proximité que l'hormone du bonheur et de l'amour se développe ! Ce serait donc dommage de s'en priver.

Porter son bébé est aussi une façon de concilier les bénéfices de la proximité avec notre vie quotidienne, parce que devenir parent, c'est aussi apprendre à vivre son quotidien avec son bébé dans les bras.

Comment faire en sorte que ce portage respecte votre propre corps de femme post-accouchement, et la physiologie de votre bébé, tout en s'inscrivant facilement dans votre quotidien ?

Portage et physiologie de la maman

L'essentiel consiste à multiplier les moments où le bébé est contre soi sans qu'il soit nécessaire de marcher. La mise en place du portage se fera en douceur, les temps à l'horizontale restant majoritaires au départ. Les précautions à prendre relèvent des mêmes principes que ceux énoncés dans le chapitre sur les conseils pour préserver votre périnée, en particulier : l'expiration à l'effort, l'étirement du dos en position debout ; de même lorsque vous prenez votre bébé, évitez de le poser en appui sur votre ventre et développez l'écoute et la bienveillance envers votre propre corps.

Le portage à bras

Les bébés aiment en général être portés enveloppés, enroulés, car cela les sécurise. Bozena Le Talludec, consultante en portage, conseille aux mamans de placer une main sous le bassin de leur bébé et une autre pour soutenir la nuque, entre les omoplates. Ainsi, étant soutenu au bassin (l'endroit majeur de ses appuis), le bébé aura la liberté d'exprimer ses capacités et d'être acteur de ses mouvements : tourner la tête, bouger les épaules et les jambes.

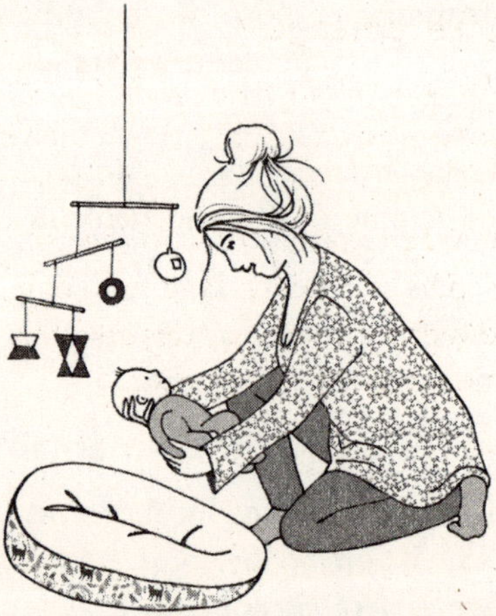

Ce conseil du soutien omoplates-nuque et bassin est valable quel que soit le portage, ainsi qu'au moment où vous prenez ou reposez votre bébé.

Différentes postures en portage à bras

Variez-les et essayez de repérer les préférences de votre petit. Certaines positions où votre bébé est penché en avant avec un appui au niveau du ventre contribuent à calmer les douleurs ventrales (colique et autres), d'autres sont favorables pour les bébés présentant un RGO (reflux gastro-œsophagien).

Le Topponcino, qui est un matelas ovale et fin recommandé par Maria Montessori, est un accessoire utile pour soutenir votre bébé de manière enveloppante quand vous le tenez dans vos bras. Il facilitera les transitions, tant sur le plan de la chaleur que des appuis, si vous souhaitez déplacer ou poser votre bébé en minimisant les risques qu'il se réveille.

Accessoires de portage

En plus d'être un vrai plaisir pour le bébé, le matériel de portage est aussi un moyen de vivre avec votre bébé tout en ayant les bras disponibles.

Cependant, si l'on voit apparaître avec plaisir des porte-bébés toujours plus adaptés à sa physiologie, les pressions imposées sur le ventre ne sont pas très adaptées à la physiologie d'une femme qui vient d'accoucher.

Différentes postures de portage

Portage au quotidien en préservant votre périnée

- Impliquez votre conjoint dans le portage.
- Optez pour les portages très haut (en sling ou en écharpe) et en limitant les nouages sur le ventre.
- Si vous êtes déjà à l'aise avec cette pratique, le portage sur le haut du dos est intéressant, car il permet d'épargner des appuis trop importants au niveau lombaire et ventral.

Dès la fin de votre Mois d'Or et votre renforcement périnéal et abdominal effectué, vous pourrez porter votre bébé à votre guise. Il sera alors important d'être attentive à la qualité du matériel choisi (porte-bébé estampillé physiologique et écharpe ou sling avec un tissage de qualité) et d'en ajuster les réglages afin qu'ils soient efficients pour vous comme pour la physiologie de votre bébé.

La pratique du portage et les techniques de mise en place peuvent apparaître complexes au premier abord. Prenez, vous et votre conjoint, le temps d'apprendre avec une consultante en portage, une association qualifiée, une amie expérimentée, en participant à un atelier, ou en trouvant des ressources en ligne actualisées. Vous constaterez qu'avec un petit peu d'entraînement, c'est simple, et surtout, cela vous sera d'une très grande utilité pendant plusieurs mois*.

---

* Voir Cécile Cortet et Céline Guerrand-Frénais, *Porter son bébé, réussir le portage en écharpe*, La Martinière, 2017.

30

Nourrir son nouveau-né

Allaitement ou biberon ? À chacune son choix. Internet, les guides et les publications regorgent d'informations sur les avantages et les inconvénients de ces deux modes d'alimentation. Pour prendre vos décisions de manière éclairée, il vous revient d'entamer une démarche d'information. Se sentir en cohérence et en paix avec vos choix est le plus important.

Quelques remarques

Entre les projections et la réalité, le fossé est parfois béant. Ainsi, l'allaitement qui est présenté comme naturel, simple et facile, exige, dans les faits, de l'apprentissage : une posture correcte pour la mère, une bonne prise pour le nourrisson, ainsi que de la patience face aux micro-difficultés. En être consciente permet de rester confiante.

Pour le biberon, entre le choix du type de lait, les possibles allergies ou intolérances et leur lot de complications, l'anticipation des déplacements, le chemin n'est pas non plus exempt de difficultés.

Le choix autour de l'alimentation de votre bébé demande une réflexion de fond avec votre partenaire. Pour certaines, allaiter n'est pas une décision facile à assumer vis-à-vis de leur entourage et de leur éducation. De même, le choix de ne pas donner le sein n'est pas toujours compris. Dans tous les cas, la gêne, être obligée de se justifier, la culpabilisation, n'ont pas leur place. Vous vous êtes informée*, votre choix vous appartient.

1. L'allaitement en pratique

Est-il nécessaire de préparer les seins avant la naissance ?

Non. La nature a bien pensé les choses. Votre corps prépare le fameux colostrum : de couleur jaune orangé, ce liquide épais, riche en protéines et en anticorps sécrétés par la glande mammaire, commence à se produire pendant la grossesse. Déjà, les mamelons se transforment, le processus prend place.

Il est utile de prévoir :

- de vous projeter dans un allaitement épanoui et de vous faire confiance ;
- de détenir des contacts de personnes-ressources (conseillère en lactation, référente de la Leache League, amie expérimentée, une marraine d'allaitement), préenregistrés dans votre portable pour vous transmettre des conseils éclairés dès les premières tentatives de mise au sein**.

---

* L'OMS (Organisation mondiale de la santé) recommande un allaitement maternel exclusif les six premiers mois et partiel jusqu'à 2 ans et plus.

** Retrouver les contacts d'associations ou annuaire de professionnels dans l'annexe « Les ressources ».

Ce dernier point est une priorité. Il est fréquent d'imaginer trouver de l'aide quand on en ressent le besoin, sauf que le moment venu, entre les visites, les changements de couches et la fatigue, trouver la bonne personne et la contacter s'avère une entreprise bien plus ardue. Par ailleurs, un problème rencontré par la jeune mère dans la mise en route de l'allaitement peut venir de conseils erronés ou contradictoires. Cela fait naître en elle le doute alors qu'elle a besoin *d'avoir confiance*. « La réussite ou l'échec d'un allaitement dépend beaucoup plus du soutien global qui entoure la mère et son bébé que de la manière dont elle a accouché* », expliquent Madeleine Allard et Annie Desrochers.

« J'ai toujours été convaincue des bienfaits de l'allaitement. Transmis par mon éducation, je me sentais en cohérence. Pourtant, ce fut difficile les premiers jours, surtout quand ma petite ne voulait faire que téter toute la nuit durant. Je rêvais que quelqu'un d'autre puisse la nourrir, ne serait-ce que pour dormir quelques heures d'affilée... Si je n'avais pas eu cette conviction forte et cette petite voix de mon amie Sophie que je réentendais me dire : "Tu verras, au début cela peut être dur mais si tu tiens le coup, après c'est un vrai régal" ainsi que le soutien précieux de mon mari, ou encore des témoignages éclairants sur le risque de cesser l'allaitement par l'introduction de complémentation ou d'une tétine, alors peut-être aurais-je lâché. Même convaincue et pleinement informée, il y a des caps à passer, dans ce sens, on a besoin d'être encouragée et bien accompagnée. » (Gaëlle)

---

* Madeleine Allard, Annie Desrochers, *Bien vivre l'allaitement*, Mardaga, 2010.

La véritable préparation est d'abord dans la tête

Une préparation efficace consiste à être en contact, pendant votre grossesse, avec des mères allaitantes, des proches par exemple, ou au sein de réunions spécialisées. L'être humain apprend par mimétisme, il serait dommage de faire l'impasse sur ces opportunités d'apprendre les bons gestes.

L'allaitement s'avère parfois plus complexe que prévu au départ. En conséquence, l'inquiétude, les conflits intérieurs ou même le sentiment d'être dépassée ou incompétente naissent. Anticiper pour s'entourer des bonnes personnes est un axe majeur dans votre entreprise d'allaitement ainsi que pour vos débuts d'aventure de mère. Ne vous en privez pas !

Quel matériel pour l'allaitement ?

Voici une liste des éléments offrant un soutien, à placer dans la valise pour la maternité ou à conserver chez soi :

- Les huiles de massage* pour vous masser pendant (l'impressionnante) montée de lait et stimuler votre lactation, si nécessaire**.
- Les tisanes galactogènes au fenouil et à l'anis étoilé (Weleda, Gaïa ou à composer soi-même***).

---

* La marque Weleda propose des huiles de massages et des huiles spéciales allaitement de grande qualité.

** Si vous remarquez que votre bébé est perturbé par l'odeur de l'huile, il sera préférable de nettoyer votre sein avant la tétée, voire de vous masser sans huile.

*** Vous pouvez composer vos tisanes à partir de la liste des plantes galactogènes que vous trouverez aux pages suivantes.

- La crème à la lanoline*.
- Du film alimentaire et des compresses en cas d'irritation du mamelon ou d'un début de crevasse.
- De l'argile afin de composer des bandes à appliquer sur les seins – et non sur les mamelons – pour limiter l'inflammation de la montée de lait.
- Une ordonnance à demander à votre sage-femme pour la location d'un tire-lait en cas de besoin immédiat. N'hésitez pas à prendre également des conseils en matière de taille de téterelles ou de choix de tire-lait qui sont de qualités variables, vos seins sentiront la différence.

Inutile toutefois de vous surcharger d'accessoires ! Seul l'exercice de la pratique vous indiquera ce qui est nécessaire. Ces objets ne sont pas indispensables pour toutes les femmes. Cependant, quand vous en aurez besoin, il les faudra tout de suite.

Une autre possibilité est d'élaborer une liste du matériel qui peut s'avérer utile : coussinet, coquillage d'allaitement, kit de congélation, etc. et de déterminer qui pourra vous les acheter en cas de besoin.

Une aventure qui commence dès la naissance

La mise en route de l'allaitement dans les toutes premières heures après la naissance facilitera sa mise en place. Nombre de professionnels s'accordent d'ailleurs pour souligner l'impor-

* La lanoline est une cire issue de la laine de mouton. Elle possède des propriétés apaisantes, protectrices et réparatrices. La marque Lansinoh propose une crème à la lanoline de bonne qualité.

tance de ce moment privilégié maman-bébé. Avant de regagner votre chambre ou que votre bébé ne reçoive le moindre soin, demandez à rester en salle d'accouchement une heure, voire davantage, afin de permettre une rencontre peau contre peau avec votre bébé. La température doit être suffisamment élevée, 20 degrés minimum. Dans tous les cas, il faudra penser à le recouvrir d'un linge. Dans les maternités, cette pratique qui dure parfois plusieurs heures se répand tant ses bénéfices sont nombreux.

Ainsi, votre bébé trouvera son espace, sans stimulations exagérées. À son rythme, lové contre vous, il s'apaisera et se mobilisera, cherchera votre regard, reconnaîtra votre odeur, écoutera le son de votre cœur, commencera peut-être à lécher son poing ou votre poitrine puis recherchera votre sein. Certains seront rapides et ramperont instinctivement vers le « sein-graal », d'autres prendront leur temps, se reposeront et attendront le retour dans la chambre pour s'activer. Faire perdurer le peau à peau facilitera le processus. Ce premier contact vient nourrir la confiance entre la jeune maman et son nourrisson.

Ce que votre bébé sait et ce qu'il apprend

Le petit humain est programmé pour la succion, c'est un mécanisme de survie naturel. Bien qu'il possède en lui les compétences pour se nourrir, un temps d'intégration est nécessaire. Au début, l'exercice pour lui consiste à conjuguer la déglutition, à laquelle il s'est accoutumé dans le ventre de sa mère, avec la respiration, un phénomène nouveau. C'est alors qu'il peut rencontrer des difficultés, en particulier pour attraper le téton et l'aspirer avec efficacité. Mais il saura acquérir ces nouvelles compétences.

Faciliter le rythme naturel des tétées sans s'épuiser

Le peau à peau est une des plus belles façons de détendre à la fois la mère et le bébé, car il permet de savourer un temps privilégié tout en se reposant, ce qui est loin d'être un luxe après l'accouchement. Parmi les bienfaits : une réceptivité accrue au rythme naturel des tétées, une simplification du travail de votre petit qui aura le bonheur d'avoir le sein à sa portée.

Les tétées allongées ou en positions semi-assises vous permettent de vous reposer en allaitant. Il est important de les connaître ou de demander à ce qu'elles vous soient expliquées à la maternité.

Allaitement de nuit

Une nouvelle qui ne va pas vous ravir : les bébés tètent la nuit ! Certains réclament le sein plus fréquemment et plus longtemps que d'autres mais au début, tous se nourrissent la nuit (allaités ou non !). C'est physiologique : la production de lait chez la mère est à son pic en fin de nuit. Les bébés auraient donc tort de s'en priver. Si l'on ne peut pas contrôler ces premiers besoins, il est possible de trouver des aménagements qui facilitent l'équilibre entre la réponse aux besoins de l'enfant et son propre repos.

Certaines mères témoignent de l'avantage de dormir à proximité de leur bébé*. Plusieurs possibilités s'offrent à vous, du nourrisson dormant dans un couffin à côté du lit,

* Le cododo, ou *cosleeping*, est reconnu et conseillé, comme l'atteste le rapport de 2016 de l'Académie américaine de pédiatrie. Il est cependant indispensable de veiller au respect des recommandations officielles afin de vous assurer pleinement de la sécurité de votre enfant si vous dormez à ses côtés.

jusqu'au cododo, qui est un lit pour bébé dans la continuité du lit conjugal, permettant de rester semi-endormie en allaitant.

Les inquiétudes fréquentes des mamans

« Que se passe-t-il ? Pourquoi tète-t-il toutes les vingt minutes ? Est-ce que je manque de lait, est-il déréglé ? Vais-je tenir à ce rythme-là ? Est-ce que cela va toujours faire aussi mal ? » Ce sont quelques-unes des questions des mamans au début de l'allaitement. Voici des informations essentielles à connaître, valables pour toute la durée du Mois d'Or.

- **Bébé s'entraîne :** il baigne en plein apprentissage et son goût pour cette activité peut l'appeler à multiplier les tétées pendant un temps donné.

- **Votre bébé est votre partenaire :** plus il tète, plus les montées de lait sont faciles et limitent ainsi les risques d'inflammation et d'engorgement.

- **Votre bébé ne tétera pas spontanément à heure fixe :** il pratique ce que l'on appelle les tétées en grappe. Il peut ainsi téter plusieurs fois de manières rapprochées puis se reposer quelque temps. Il acquiert ainsi ses compétences à son rythme. Oublions notre montre et faisons-lui confiance !

- **Les nouveau-nés tètent en moyenne entre huit et douze fois par jour.** Cela n'est qu'une moyenne qui varie en fonction des bébés et de leur capacité de stockage. Précisons aussi qu'à la naissance, l'estomac d'un nourrisson ne peut contenir que 5 ml, d'où son besoin de tétées fréquentes. Cette capacité augmentera progressivement jusqu'à 25 ml en moyenne à

3 jours, puis attendra environ 70 ml à 10 jours. Sachez qu'à certains moments, les bébés manifestent d'intenses besoins affectifs, de lait et de proximité qui s'étendront sur environ vingt-quatre heures. C'est surtout fréquent lors de la montée de lait et autour de ses trois premières semaines. Dans ces cas-là, les mots d'ordre seront : patience, persévérance et tétées à volonté. N'ayez pas d'inquiétude : c'est normal et transitoire, cela va passer !

- **Reposez-vous dès que possible** : entre les tétées et pourquoi pas pendant.

Comment détecter que mon bébé a faim ?

Apprendre à identifier les moments où le bébé est disposé à être nourri est un processus qui exige de l'observation et de l'attention. Cela est valable pour les bébés nourris au sein comme au lait artificiel.

Votre bébé émet des signes avant les pleurs : sa bouche s'ouvre et se tourne sur le côté, elle semble chercher quelque chose, peut-être ses bras s'ouvriront-ils. Dans ce cas, même si ses yeux sont encore fermés, cela signifie qu'il est prêt pour la tétée. Il faut répondre dès que possible à ces signes, ce qui non seulement vous épargnera des pleurs mais évitera également qu'il ne se rendorme et reste sur sa faim. En effet, les pleurs, la sensation de manque sont susceptibles de placer le bébé dans un état d'agitation corporelle qui rend la prise du sein plus délicate pour lui, et peut-être plus douloureuse pour vous.

À quel moment changer de sein ?

De manière générale, quand votre sein semble moins tendu et que votre bébé cesse de téter ou qu'il « tétouille », c'est-à-dire qu'il tète sans boire, c'est le moment de lui proposer l'autre sein. Puis, à lui de choisir s'il poursuit.

Et la douleur ?

L'un des objectifs de ce livre est de révéler comment se déroule réellement la période postnatale. C'est aussi valable au sujet de l'allaitement. En effet, ce n'est pas que douceur et plaisir, il peut aussi se révéler douloureux ! Mais rassurez-vous :

- Ces douleurs ne se font sentir qu'au moment de la prise de sein, les vingt premières secondes.
- Au fil des jours, ces douleurs vont s'estomper. C'est un cap à passer.

La mâchoire d'un nourrisson possède une puissance incroyable ! Mais cette douleur, encore une fois, est porteuse de sens.

- Cette force de succion est en fait un dispositif de survie du nourrisson. Pour vivre, il doit être nourri et pour cela il doit téter d'autant plus fort que la nature a prévu que le premier liquide qu'il devra absorber, le colostrum, à la fois épais et digeste, et qui deviendra du lait deux à trois jours après la naissance, s'écoule en toute petite quantité.
- C'est précisément cette efficacité de succion qui stimule la production de lait maternel.

- Cette succion est également un signal pour votre corps, lui indiquant que le bébé est à l'extérieur puisqu'il tète. Aussi, chaque tétée produit des contractions de l'utérus, nommées les tranchées, dont la fonction est d'entamer son involution et de lui permettre de retrouver progressivement sa place et son volume initial.

Proposez à votre conjoint d'introduire son auriculaire dans sa bouche, il sera surpris de sentir cette force de succion, il compatira à votre douleur et sera peut-être plus enclin à vous soutenir et à vous encourager !

Quand les douleurs ne sont pas normales

Mais toutes les douleurs ne sont pas bénignes. Comment évaluer la gravité d'une douleur et savoir s'il y a besoin de consulter ou de prendre des conseils ?

- Si vous souffrez pendant toute la durée de la tétée.
- Si vous souffrez à la prise de seins au-delà de dix jours d'allaitement.
- Si vous souffrez après les tétées.

Soyez attentive et écoutez-vous. Une douleur peut indiquer un problème nécessitant une véritable prise en charge. Dans l'univers de l'allaitement, les maux sont variés et difficiles à identifier, surtout lorsqu'on débute, d'où l'importance d'être bien entourée. Il peut s'agir d'une crevasse, qui désigne une plaie au niveau du téton, causée par une mauvaise prise de sein ou une mauvaise posture, d'un engorgement, quand les seins durcissent et deviennent douloureux, d'une mastite infectieuse ou inflammatoire, il existe aussi le frein de langue du bébé qui se révèle très douloureux pour la mère…

Par chance, ces problématiques ont été étudiées et nous disposons aujourd'hui de nombreuses ressources pour y remédier. Les questions de la prise de sein et de la posture, les médecines douces* (homéopathie, phytothérapie, etc.), les pratiques traditionnelles (feuilles de chou, coquillages, cataplasmes…) ou les praticiens de shiatsu, d'acupuncture ou d'ostéopathie spécialisés en périnatalité peuvent vous apporter des solutions. Ces ressources s'avèrent très efficaces, ne vous ne privez pas !

Les mauvaises prises du sein par le bébé**, quand il n'attrape pas correctement votre sein en bouche, peuvent engendrer des douleurs supplémentaires, voire générer des maux tels que des crevasses. Il est donc essentiel de s'assurer d'une prise de sein correcte. Comment s'y prendre ?

- Le bébé doit prendre votre sein avec la bouche grande ouverte de façon à saisir la totalité du téton ainsi qu'une partie de l'aréole. Présentez votre téton au niveau de son nez, afin de l'inviter à basculer sa tête légèrement en arrière et à ouvrir grand la bouche pour l'atteindre.
- Les lèvres inférieure et supérieure du bébé doivent être visibles de l'extérieur.

---

* Pour tout traitement médical, nous vous invitons à consulter un spécialiste afin de trouver le traitement qui vous sera approprié.

** Pour plus de détails, consulter la note du docteur Jack Newman « *Latching and feeding management* », traduite sur le site web de la Leche League, dans l'article « Effectuer la mise au sein ».

- Une fois prête à allaiter, vous pouvez approcher votre bébé de votre sein en le tenant dans le dos, le mouvement doit se faire dans ce sens, et non l'inverse, qui consisterait à approcher votre sein du bébé. Son menton doit être presque compressé contre le sein et le nez dégagé. Maintenez bien votre bébé proche de vous afin qu'il ne tire pas votre mamelon.

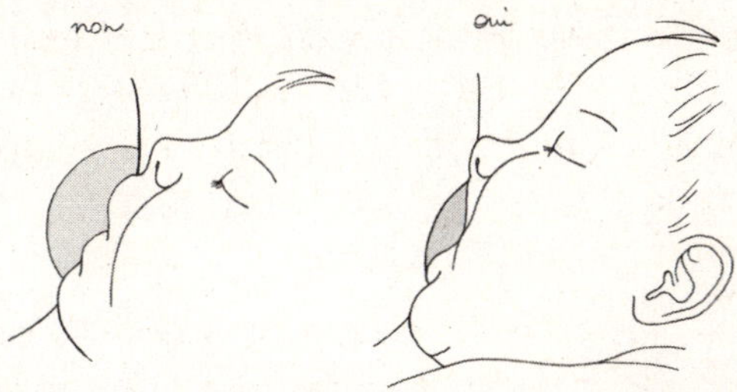

La position d'allaitement

Une bonne position d'allaitement est fondamentale à son bon déroulement. Elle exige que le bébé soit correctement positionné et que vous-même soyez à l'aise en ressentant le moins de tensions possibles au niveau des bras, des épaules, des pressions sur votre périnée*. Pour optimiser les postures favorables pour votre corps et pour la mise au sein, prenez donc le réflexe d'utiliser des coussins et un petit banc comme dans les illustrations page suivante.

D'autres positions existent, telles que la madone inversée ou le ballon de rugby**. À vous de tester et de choisir celles vous apportant le maximum de confort. Pensez également à

* *Cf.* Les conseils pour préserver le périnée dans la partie V.

** www.lllfrance.com.

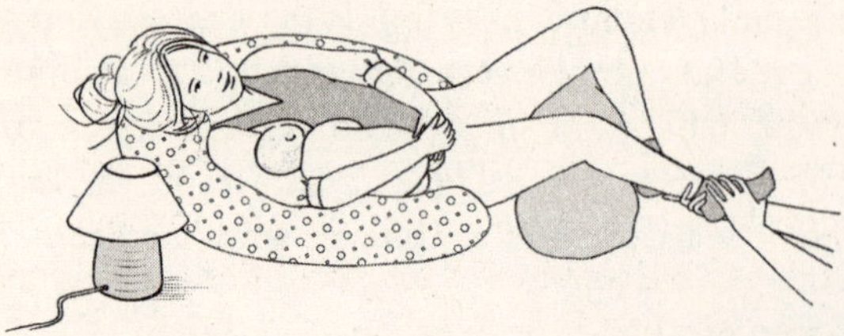

Pour optimiser les postures favorables pour votre corps et pour la mise au sein, prenez donc le réflexe d'utiliser des coussins et un petit banc.

alterner la posture ou à changer de sein si vous ressentez une sensibilité sur le mamelon.

L'astuce prévention : avant et après chaque tétée, pressez votre sein entre vos doigts, exprimez une goutte de lait puis étalez cette goutte sur votre mamelon, ce qui protégera vos seins. N'hésitez pas à demander à un professionnel de vous montrer comment optimiser l'expression.

Comment influencer la production de lait ?

Plusieurs facteurs influencent la production lactée :

- l'alimentation ;
- le niveau de fatigue ;
- le stress ;
- la fréquence des tétées quotidiennes ;

Sur le plan de l'alimentation, sachez qu'il existe des galactogènes naturels qui contiennent des substances favorisant la production de lait. Bien qu'aucune étude scientifique ne valide ce sujet, leur utilisation traditionnelle autorise à penser qu'ils seraient efficaces. Il s'agit par exemple du fenugrec, déjà utilisé durant l'Égypte pharaonique pour stimuler la lactation, le chardon bénit, l'anis vert et étoilé, le basilic, les graines de fenouil, le cumin, la guimauve, la bière sans alcool riche en malt ou autres produits issus de l'orge ainsi que les flocons d'avoine. Ces herbes se trouvent rassemblées sous forme de tisanes spéciales allaitement. Veillez cependant à ne pas consommer en excès, car certaines plantes peuvent engendrer l'effet inverse en cas de surdosage*.

Tout ce qui permet à la mère de se détendre influence favorablement sa production de lait. C'est pourquoi pendant les premiers jours, l'idéal est de vous reposer dans votre espace de maternage, dans votre « temple », en gardant votre nourrisson à proximité ou en peau à peau. Donnez-vous du temps. Permettez à votre nourrisson de prendre le sein autant qu'il le souhaite et assurez-vous d'avoir toujours une tasse de tisane à disposition. Appuyez-vous sur l'organisation mise en place en amont, comme expliqué dans le chapitre 2, pour que des repas vous soient servis. Ne faites aucun effort, sinon celui de nourrir votre enfant.

Si vous avez besoin d'encourager la stimulation mammaire

- Mettez votre bébé au sein fréquemment : la fréquence des tétées joue sur la production.
- Assurez-vous que votre bébé tète efficacement : plus le sein est vidé souvent, plus il produira.
- Psychose puerpérale : chaos émotionnel sévère qui survient brutalement dans les deux semaines qui suivent l'accouchement et qui s'accompagne d'un état délirant et d'une agitation extrême (fréquence : 1 à 2 cas sur 1 000 naissances), compressez votre sein de manière continue en le tenant avec vos doigts placés comme une pince. Au besoin, demandez à une personne qualifiée de vous montrer.

---

* Pour aller plus loin sur les effets des plantes galactogènes et plus largement sur le processus de production du lait, nous conseillons la lecture de l'ouvrage de Diana West et Lisa Marasco, *Plus de lait*, L'instant présent, 2009.

- Pour augmenter le nombre de stimulations au cas où votre bébé ne souhaite pas multiplier les tétées, vous pouvez pratiquer l'expression manuelle du lait ou utiliser un tire-lait de qualité.

Si votre production de lait est surabondante

Si vous avez une quantité de lait supérieure aux besoins alimentaires de votre enfant, vous pouvez exprimer le trop-plein manuellement ou au moyen d'un tire-lait. Les utilisations sont variées : la congélation pour le donner plus tard à votre bébé ou le récupérer pour d'autres usages comme l'hydratation, les problèmes cutanés ou autres (érythème fessier, eczéma, mycose, conjonctivites, etc.). Vous pouvez aussi en faire don au lactarium de votre hôpital. Il sera d'un grand secours pour certains bébés prématurés ou souffrant de pathologies spécifiques.

Les aliments provoquant des inconforts

L'une des caractéristiques de certains aliments est de provoquer des ballonnements, c'est-à-dire des gaz ! Ce qui nous paraît anodin peut devenir une véritable source d'inconfort pour votre petit qui absorbe ce que vous ingérez à travers le lait. Alors même que son système digestif tout neuf est encore balbutiant. L'alimentation est donc susceptible d'influer sur :

- la quantité de production de lait ;
- la puissance du réflexe d'éjection ;
- la digestion et le transit de votre nourrisson ;
- les gaz de votre bébé.

Il ne s'agit pas de bannir de votre assiette artichauts, choux, oignons ou pois chiches, mais d'en manger de façon modérée et surtout, d'observer votre bébé pendant les heures et les jours suivants. Si vous l'entendez se plaindre et se tortiller, ayez le réflexe de vous demander de quoi était composé votre dernier dîner ou déjeuner. Ces signaux peuvent également venir d'un REF (réflexe d'éjection fort de votre lait) ou indiquer une problématique de reflux, d'allergies ou d'intolérance alimentaires*. Dans tous les cas, vos maîtres-mots doivent être : observation, réflexion et ajustement si nécessaire.

Bien choisir vos conseillers

À l'évocation de vos douleurs et de vos difficultés, chaque personne aura une interprétation différente à vous proposer. Certains les minimiseront, d'autres les dramatiseront, au point même d'envisager à votre place l'irrémédiable arrêt de votre allaitement. Si vous rencontrez un problème, assurez-vous de demander conseil à une personne qualifiée en matière d'allaitement, à qui vous décrirez les détails de vos douleurs et le déroulement des tétées. Seul ce tableau détaillé permettra de proposer un diagnostic pertinent.

---

* Les produits laitiers et plus spécifiquement les protéines de lait de vache sont fréquemment mis en cause dans les problématiques d'intolérance, de REF, de reflux ou de gaz, mais également pour les problèmes cutanés ou de la sphère ORL. Des stratégies d'évictions dans l'alimentation maternelle pourront s'avérer intéressantes pour confirmer l'hypothèse et limiter les troubles.

Les « pousse à l'arrêt » de l'allaitement sont légion en cas de maux nécessitant une médication*. Pour beaucoup, la solution sera tout bonnement d'arrêter. Arrêter pour que votre bébé fasse ses nuits, arrêter parce que vous devez prendre un médicament, arrêter parce que vous avez des douleurs ou des symptômes, arrêter à cause de la courbe de poids de votre bébé.

Alors que l'arrêt est rarement la solution. Tous les professionnels de la maternité ne sont pas des experts de l'accompagnement à l'allaitement. À cause de ce manque de connaissances, peut-être ne recevrez-vous pas les conseils appropriés, peut-être serez-vous orientée un peu trop vite vers l'arrêt ou vers une complémentation, ce qui implique le risque de remettre en cause l'allaitement**.

Cherchez des professionnels qualifiés, qui actualisent leurs connaissances dans leur domaine et avec lesquels vous vous sentez respectée et soutenue dans vos valeurs et vos choix. N'hésitez pas à demander à vos amis les coordonnées de professionnels qui sont en cohérence avec votre positionnement.

---

* En cas de prise de médicament, le principe de précaution est souvent très élevé. Pour avoir une information fiable, vous ou votre professionnel de santé pouvez consulter le CRAT (Centre de référence sur les agents tératogènes) : https:/lecrat.fr.

** L'introduction de moyens autres que le sein pour donner du lait à un nourrisson comporte des risques de remise en cause de l'allaitement. Si vous deviez aller vers la complémentation de lait maternel exprimé, de lait industriel ou d'eau glucosée, éviter d'introduire le biberon et préférez dans l'idéal le dispositif d'aide à l'allaitement (DAL) ou sinon, à défaut, la seringue, la pipette ou la cuillère.

La confiance, un socle précieux pour réussir son allaitement

En effet, la capacité à allaiter, lorsqu'elle est mise à mal, est susceptible de donner naissance à la culpabilité et au jugement, où se dessine en filigrane l'ombre de la mauvaise mère. Même si face aux difficultés, la culpabilité est présente, reconnaissez-la, sans qu'elle prenne toute la place et affirmez votre confiance en vous et en votre bébé. Ayez confiance en vos compétences de mère à allaiter votre tout-petit, en vos capacités à observer les signes de votre nourrisson.

La mise en place de l'allaitement est parfois une source de difficultés pour la jeune mère pendant son Mois d'Or. À l'inverse, un allaitement réussi en dépit d'éventuelles complications procure de la confiance, un sentiment de fierté de pouvoir subvenir aux besoins de son enfant et assure des moments privilégiés chargés d'ocytocine… Tout en facilitant sur le plan corporel la rétractation de l'utérus*.

2. Bien nourrir son bébé au biberon

Quel lait choisir ?

Vous avez le choix sur le type de lait à donner à votre enfant. Il vous faudra parfois en tester plusieurs et observer comment votre bébé y réagit. Les laits biologiques présentent des qualités nutritionnelles intéressantes et des risques moins élevés de scandales sanitaires.

---

* Pour aller plus loin sur la question de l'allaitement, nous vous conseillons l'ouvrage de la Leche League, *L'art de l'allaitement maternel*, Pocket, 2012.

Comment donner le biberon ?

En matière de maternage ou d'éducation, les postures évoluent avec le temps. Les générations précédentes avaient pour habitude de mettre le bébé en position allongée et le biberon à la verticale. Toutefois, les nouvelles générations de spécialistes observent que cette posture ne serait plus adaptée pour le bébé.

Désormais il est conseillé de positionner son bébé plutôt à la verticale, tout en lui permettant de garder son dos arrondi, sécurisé dans l'enveloppe de vos bras. Dans cette posture, présentez-lui le biberon au niveau de la lèvre supérieure pour qu'il puisse ouvrir grand la bouche et prendre la tétine à pleine bouche.

Le débit d'un biberon peut être un peu rapide. Afin que votre bébé en régule le flux, positionner le biberon quasiment à l'horizontale et n'hésitez pas à proposer une pause à votre petit si vous le sentez essoufflé.

Les conseils sur la posture et la limitation des tensions illustrés dans la partie sur l'allaitement sont aussi valables lorsque vous nourrissez votre bébé avec un biberon.

Les recommandations sont nombreuses et évoluent au fur et à mesure des découvertes. Donc, comme sur d'autres points, n'oubliez pas l'essentiel : faites-vous confiance et soyez à l'écoute de votre bébé.

Au sein ou avec un biberon, profitez de ces moments de proximité. Plongez votre regard dans celui de votre nouveau-né, ressentez son petit corps chaud tout contre vous et savourez ces moments, car chacun d'entre eux est unique et précieux.

VII

Traverser les difficultés

31

Quatre grandes difficultés du Mois d'Or

1. La fatigue

Un incontournable de la période post-partum. S'occuper d'enfants, c'est aussi mieux comprendre ce que le mot fatigue signifie. Déjà présente pour certaines pendant la grossesse, et en particulier les dernières semaines, elle risque de redoubler après l'épisode de l'accouchement qui aura demandé une énergie considérable. On s'imagine avec une fraîche spontanéité se reposer après la naissance. En fait, cette fatigue n'est souvent qu'un début, la vie imposée par le nourrisson aux jeunes parents inaugure un rythme aussi soutenu qu'inattendu. Entre les heures de bercement, les nuits entrecoupées, les origines des pleurs à déceler, la vigilance permanente, cette réalité est exigeante tant sur le plan physique que psychique et émotionnel.

Certes, la nature a bien pensé les choses, les hormones de l'allaitement favorisent un sommeil récupérateur ainsi que la synchronisation des cycles de sommeil entre la maman et le bébé. Mais ils ne suffisent pas à compenser la réalité du post-partum. Le manque de sommeil accroît la sensibilité aux tensions mais aussi aux douleurs physiques. Sans qu'on l'identifie clairement, la fatigue fait courir certains risques, elle influence l'humeur, les soins à son enfant sont plus difficiles, les relations avec le partenaire peuvent se tendre.

> « Ça me demande tellement d'énergie de m'occuper de Jules vingt-quatre heures sur vingt-quatre... Mes nuits ne sont plus vraiment des nuits, elles sont entrecoupées de multiples réveils. Quand je sors du lit le matin, je me sens déjà épuisée à l'idée qu'il va falloir tenir bon pour passer une journée de plus » (Albane).

L'un des principaux enjeux du Mois d'Or est de récupérer son énergie au fur et à mesure des quarante jours. Il est donc important :

- d'accueillir la réalité de cette fatigue sans mettre d'énergie à la contrer. Lutter serait encore une dépense d'énergie Est-ce, comme on l'entend souvent, parce que les femmes ne sauraient pas s'organiser qu'elles sont fatiguées ? Non. C'est d'abord en raison d'une inégalité dans la répartition des tâches entre les conjoints, c'est ensuite, dans cette phase particulière, à cause de l'absence de soutien de la part de l'entourage et plus généralement de la société, à l'endroit de la jeune famille. Des personnes en soutien sont plus que nécessaires. L'objectif est donc de mettre en place un planning d'aide, comme expliqué dans la partie II ;
- de dormir dès que votre bébé dort ! Cela est un réflexe important à garder à l'esprit ;

- d'allaiter en position allongée, en particulier la nuit*;
- d'assurer une alimentation riche en fer et en omégas afin d'offrir à l'organisme le plus d'énergie possible (avec complémentation au besoin).

2. Le fantasme de la perfection

Être traversée par le fantasme de la mère parfaite est inévitable. Qui n'a pas ressenti cette aspiration d'offrir le meilleur à son enfant? Quoi de plus humain que cette soif d'idéal qui peut se concrétiser à travers l'éducation de son enfant?

Cette quête d'idéal présente l'avantage de devoir s'améliorer sans cesse. Toutefois, ce besoin de performance peut se cristalliser et devenir à la longue une posture figée et contraignante: «Le plus difficile pour moi quand je suis devenue maman, ce fut le décalage entre la réalité et ce que j'avais imaginé», expliquait Murielle.

En fait, être parent est un véritable travail de retour vers le concret, la matière, le relatif, en un mot, le réel. C'est admettre la lenteur, se réjouir de micro-victoires, de courtes avancées quotidiennes, c'est accepter ses propres limites. Des attitudes bien éloignées des grandes idées qui fusent aussi vite qu'elles disparaissent ou des convictions figées dans le marbre, rarement confrontées à la réalité de la vie. La véritable perfection d'un parent est en évolution constante, elle réside dans la capacité à faire de son mieux certes, mais aussi à être à l'écoute de son enfant, à s'informer, à savoir se remettre en question et à prendre du plaisir dans la relation avec celui-ci. Être parent, c'est comprendre de tout son être les enjeux qui se trament

---

* En respectant les conditions de sécurité relatives au cododo.

autour de la responsabilité d'un autre, c'est appréhender avec humilité la condition humaine. Faire siens ces changements est long et requiert de l'énergie.

L'une des clés est d'effacer la notion de devoir, qui se traduit dans les fameux « il faut » ou « je dois » et plutôt se concentrer sur la réalisation de ce qui est possible dans les conditions actuelles. Restez libre de l'accomplissement ou non des objectifs que vous vous serez fixés, ne vous mettez aucune pression sur d'éventuels résultats à obtenir. Sur le chemin de la parentalité, le lâcher-prise et la bienveillance envers vous-même vous aideront.

Se sentir en cohérence avec soi-même

Se sentir en cohérence avec soi impulse de la force. Si être parent nous invite à nous améliorer constamment, nous n'avons pas à devenir quelqu'un d'autre !

> « Le pire pour moi était de me sentir en conflit avec moi-même. J'ai dû lâcher pour me recentrer sur ce qui importait le plus. Je m'appliquais à me remettre en question régulièrement, dès que j'étais en situation délicate : Qu'est-ce qui est le plus important pour moi ? Quelles sont les choses sur lesquelles je peux lâcher et celles qui ne sont pas négociables ? Le fait de me connecter à cet accord avec moi-même me donnait la force d'aborder le quotidien, jour après jour » (Julia).

« Laissez pénétrer cela profondément dans votre cœur : vous ne pouvez être que ce que vous êtes, et jamais rien d'autre. Une fois que cette vérité – "je ne peux être que moi-même" –

s'ancre profondément, tous les idéaux disparaissent* », nous apprend Osho, grand penseur de l'Inde. Pour votre bébé, ce qui compte est de ressentir le bien-être, la sécurité affective et la présence, il n'a pas besoin d'une mère lisse et sans défauts. En vous accueillant telle que vous êtes, vous lui dites que vous pouvez aussi l'aimer pleinement tel qu'il est. N'est-ce donc pas un très beau cadeau ?

3. Le sentiment de culpabilité

Devenir parent s'apprend d'instant en instant. Les faux pas, les tâtonnements, la méconnaissance sont le lot de tout parent. S'en vouloir parce que l'on aurait raté ou commis une erreur irrémédiable réveille un sentiment redoutable nommé culpabilité. La culpabilité est aussi insidieuse que pot de colle, elle érode la confiance et mine l'estime de soi. Avec elle, nous assimilons nos erreurs et nos hésitations à des fautes morales. Or, les difficultés et les ratés font partie de la vie. Apprendre à l'identifier et à la désamorcer vous sera précieux, car les occasions de culpabiliser ne vont pas manquer !

> « Je me sens tellement nulle de ne pas réussir à gérer le quotidien avec mon bébé alors qu'avant j'arrivais à manager une équipe tout entière » (Anna).

> « J'ai souvent envie de pleurer... Je me sens triste et coincée dans cette nouvelle situation... Je m'en veux de ressentir cela alors que je devrais me sentir comblée avec cette petite merveille que j'ai tant attendue » (Sarah).

---

* Osho, *Union Mystica*, vol. 1, Talk #3.

> « Je n'arrive pas à apaiser les pleurs de mon petit, j'ai l'impression que tout le monde y arrive mieux que moi... J'ai le sentiment de ne pas être à la hauteur... » (Stéphanie).

Parfois, la culpabilité est un signal nous montrant que nos réactions ne sont pas appropriées, que l'on est à bout et que le besoin d'aide se fait pressant.

Dans un contexte comme celui de la période postnatale, puis dans celui de la parentalité, développer la conscience de ses émotions est une richesse.

> « Hier soir, je n'ai pas été au top avec mon bébé, j'étais énervée et fatiguée. Je me suis mise à lui crier dessus puis je l'ai laissé pleurer seul dans son lit. Je m'en veux » (Fanny).

Avoir conscience que l'on a agi d'une manière qui ne nous convient pas est vecteur de transformation. Reconnaître ses erreurs et en tirer des leçons est une voie d'évolution. Comment procéder lorsqu'une situation similaire se représentera ? Quels outils, quelles options puis-je activer ? D'autres nuits, d'autres pleurs, d'autres fois se présenteront à vous. Vous pourrez alors réagir autrement, réparer, avancer et évoluer.

4. L'isolement

Dans l'immense majorité des cultures, la jeune mère ne reste jamais seule chez elle avec son bébé ! Et pour cause, elle traverse l'une des phases les plus délicates de sa vie. La complexité de cette étape est prise en considération.

En France, de nombreuses mères souffrent de solitude et d'épuisement durant la période post-partum. Alors que l'on est entourée pendant la grossesse et l'accouchement, à commencer par le personnel médical, on se retrouve seule chez soi avec son bébé, entraînant un sentiment de vide et un manque de repères. Même les pères qui décident de profiter de leur congé paternité reprennent leur rythme de travail après onze jours.

C'est là un grand défi du Mois d'Or : rester dans sa bulle sans se sentir isolée ! Ce retrait révèle un trésor : être centrée sur soi et sur son bébé, ne pas se préoccuper des idées, des rythmes, des énergies des uns ou des autres est une expérience puissante. La dyade mère-enfant a besoin d'être enveloppée dans un nid doux et contenant, fait d'amour et d'attentions de personnes bienveillantes avec qui elle n'a pas besoin de faire d'efforts, ni de bien se tenir, ni même d'avoir à dire quoi que ce soit. Soulignons ici la nuance entre être seule et se sentir seule, car on peut se sentir seule au milieu des autres.

« Après la naissance de mon fils, je me suis sentie abandonnée, délaissée... Les gens ne comprennent pas quand je dis cela, car j'étais très entourée par ma famille. Mais lorsqu'ils venaient à la maison, j'avais l'impression d'être un meuble, tout le monde regardait mon bébé, faisant toutes sortes de remarques sans me considérer. J'avais l'impression de ne plus exister. C'était dur parce que c'était une période où je me sentais fragile et un peu perdue. J'aurais eu besoin qu'ils s'intéressent davantage à moi mais je ne savais pas comment leur dire... » (Mariam).

Attention à ne pas entretenir l'isolement. Les peurs sont bien souvent créées par nous-même : la peur du jugement, le refus de laisser entrer un autre dans son intimité, le besoin de revendiquer ses qualités de femme forte et indépendante, au risque de s'épuiser.

> « Je n'avais pas envie qu'on me voie comme ça, je me sentais fragile et pas présentable... Et puis ce n'est pas facile de savoir à qui et comment demander de l'aide quand on est toute seule chez soi. Je me sentais un peu comme un poids, je ne voulais pas imposer ça aux autres et je me disais d'un jour sur l'autre que ça irait mieux le lendemain. Après coup, je me dis que si j'avais su que cela allait durer aussi longtemps, j'aurais demandé de l'aide plus tôt » (Romane).

Si vous vous sentez en difficulté et seule, il est capital que vous en parliez à vos proches ou à des professionnels de santé. En verbalisant votre expérience, vous leur offrez le pouvoir de vous venir en aide.

32

Des renoncements libérateurs

Voici trois deuils libérateurs pour vivre plus légèrement les débuts avec votre bébé.

Deuil n° 1 : imaginer retrouver sa vie d'avant

Les heures à surfer sur Internet, les sorties shopping ne sont plus d'actualité. Créer un univers propice à la paix pour vous échapper du monde et savourer le moment présent est ce qui a le plus de chance de vous rendre sereine. Tout ce qui développe des sentiments négatifs tels que la comparaison s'avère toxique pendant cette période, de même que certaines relations ou réseaux sociaux dont il est bon de savoir se déconnecter.

Deuil n° 2 : imaginer retrouver sa ligne rapidement

Il faudra du temps pour vous délester des kilos accumulés pendant la grossesse. Encore une fois, évitez de vous comparer et privilégiez l'acceptation et la gratitude envers votre corps – après tout, il a fait œuvre de création – en le massant, et en patientant. Laissez de côté les exigences, ce n'est pas le moment, dorlotez-vous.

Deuil n° 3 : balayer les attentes irréalistes sur la période postnatale

L'écueil dans la préparation de ces semaines particulières serait de créer un nouvel idéal autour de cette période. La poursuite d'un idéal génère du stress et une pression intérieure. Si vous rencontrez des manques, ce qui arrivera probablement, cela risque de faire naître un sentiment d'échec. Le Mois d'Or est le mois de la transition et du lâcher-prise, il n'y a rien à réussir ! Il ne doit pas rimer avec pression.

33

Vivre un Mois d'Or lorsqu'on a déjà des enfants, c'est possible !

Vivre le Mois d'Or avec d'autres enfants est une affaire d'ajustement, de renoncements et de relais supplémentaires.

> « J'ai trois enfants et pour chacun, les quarante premiers jours ont été vécus pleinement mais de façon tout à fait différente. Pour notre aînée, nous vivions dans un centre de yoga et une amie était présente chaque jour comme *sevadar**. Pour nos deux autres enfants, ce sont mes parents qui sont venus nous épauler. À la naissance du troisième, nous étions une vraie tribu ! Des adaptations étaient donc nécessaires pour prendre en compte les besoins de chacun. C'est ainsi que je me suis retrouvée avec mon bébé de trois semaines à peine, lové dans une écharpe contre mon cœur, au spectacle de l'école de son grand frère, ravi d'être applaudi par sa maman ! » (Aline)

* *Sevadar* est un terme sanscrit désignant un principe de service désintéressé. La lignée du Kundalini yoga l'utilise aussi pour désigner une personne qui vient aider la mère pendant toute la durée de son Mois d'Or.

Avec des aînés, le Mois d'Or, c'est sport !

Davantage de bouches à nourrir, de bruit, de pleurs, de bazar, plus de besoins à combler, d'émotions à accueillir. Respecter son besoin de repos pendant cette période est un sacré défi.

> « Il y avait l'idéal dont je rêvais et la réalité. Entre notre bébé qui avait besoin de calme et notre grand qui rentrait tout fou de l'école, ou notre bébé qui pleurait et notre aîné qui avait besoin d'être écouté. Et il y avait moi, avec mes propres attentes, ma fatigue, mon impatience, mes frustrations… Et mes joies intenses de voir parfois notre famille se rassembler dans un grand câlin ou un fou rire ! La vie quoi ! Accueillir… M'accueillir imparfaite, et accueillir les miens, imparfaits aussi bien sûr » (Nathalie).

Intensité et ambivalence des sentiments

Les membres de la tribu, parents et enfants compris, traversent des émotions aussi fortes qu'ambivalentes. Dans notre for intérieur se dessinait déjà une merveilleuse famille où chacun prendrait naturellement sa place, où régnerait une paix parfaite entre tous… et on se retrouve à jongler en permanence avec la complexité des besoins et des émotions de chacun, avec un aîné qui nous demande s'il est possible de ramener le bébé à la maternité ou de le faire dormir dans le garage. On espérait tant qu'il soit immédiatement conquis par sa petite sœur ou son petit frère…

Vous aurez peut-être l'impression de ne plus reconnaître votre grand, de constater qu'il régresse soudainement, qu'il est moins autonome, à l'instant même où vous auriez eu besoin qu'il le soit davantage.

Accueillir un petit frère ou une petite sœur est un bouleversement sans précédent dans la vie d'un aîné. La structure familiale doit se réorganiser, ce qui exige des efforts et des ajustements. Certains enfants sont à fleur de peau, déchargent alors des émotions intenses, manifestent davantage d'agitation qu'à l'accoutumée. Mais il est aussi probable que le comportement de votre aîné ne soit pas si différent, mais que peut-être ses courses effrénées ou ses demandes incessantes vous irritent davantage, car c'est vous qui ressentirez le besoin de quiétude dans la petite bulle avec votre nouveau-né. Votre regard et vos besoins ont changé.

En tant que mère, ne plus pouvoir être aussi disponible pour ses aînés n'est pas aisé. Certaines mamans témoignent du manque ressenti à l'égard de leurs autres enfants, voire d'être traversée par la désagréable sensation de les abandonner. À l'inverse, d'autres expriment la difficulté de ne pas se sentir assez disponibles pour leur petit dernier, ou même d'en vouloir au grand qui leur demande tant d'énergie.

> « Pour mon deuxième, ce qui a été le plus difficile fut de devoir gérer l'aîné et ne pas pouvoir être 100 % avec mon bébé. Mon mari était moins disponible pour m'aider avec le petit, car il devait s'occuper du grand » (Madeleine-Sophie).

Que faire des émotions de son aîné ?

Les accueillir, ce qui comprend la frustration, la colère, la tristesse. Il a le droit de trouver la situation injuste ou de réclamer de l'attention.

Il faudra également le rassurer, encore et encore. Son univers est certes chamboulé mais ne va pas s'effondrer ! Les mots ne suffiront pas : aménagez des temps privilégiés avec lui et rien qu'avec lui. Ce sera aussi la mission de votre conjoint.

Enfin, acceptez que vous ne puissiez pas être avec votre dernier-né comme vous l'avez été avec votre aîné. Malgré la meilleure volonté du monde, lui éviter une tornade émotionnelle est impossible, c'est inhérent au processus de transition.

Utiliser des supports

Le jeu libre, les livres, les dessins. Il se peut qu'il s'amuse à jouer à mettre les poupons dans la poubelle… Laissez-le s'emparer librement de ces moyens d'expression sans jugement ni tentative de contrôle.

Offrir des cadeaux aux aînés

Une vraie différence ! L'enfant vivra plus facilement ce moment comme une fête, se sentira considéré et s'occupera à découvrir et à jouer avec ce cadeau.

Établir un plan postnatal spécial aîné

Si certains enfants voient leur réalité bousculée, d'autres vivent particulièrement bien l'arrivée d'un petit frère ou d'une petite sœur. Quoi qu'il en soit, prévenir en créant un plan postnatal pour les aînés vous tranquillisera l'esprit en assurant des conditions favorables pour que tout se déroule au mieux. L'enjeu est aussi de mettre progressivement en place, avant la naissance, des relais pour vos grands en leur évitant les changements brutaux. S'ils sont suffisamment grands, pensez à les impliquer dans ces choix afin qu'ils ne se sentent pas exclus.

Voici quelques questions pour l'élaboration du « plan post-natal spécial aîné ».

- Qui sont les personnes disponibles ? Quelles sont celles avec lesquelles mon enfant se sent en confiance ? Quelles activités pourraient lui faire plaisir ?
- Quels types de relais apporteraient le plus de soutien : trajets à la crèche, à l'école, aux activités de loisirs ? Les temps libres ? Balade, piscine, après-midi chez les copains.

34

Critiques, remarques et conseils : les gérer et apprendre à s'en préserver

Dès la naissance, nos choix et nos comportements deviennent, avec une soudaineté surprenante, l'objet de moult critiques et conseils. Même des inconnus dans la rue se permettent des remarques sur notre manière de faire. Sur le coup, c'est perturbant. Et surtout, ces paroles non sollicitées sont susceptibles d'altérer la confiance en notre capacité à prendre soin de notre enfant, une capacité qui est en construction constante.

> « À partir du moment où les personnes extérieures ont commencé à me donner leur avis, cela m'a complètement déstabilisée et j'ai eu de nombreux doutes » (Alix).

En tant que jeunes maman et papa, nous cherchons des repères, à être écoutés dans nos questionnements et reconnus dans notre potentiel de bons parents. Nous n'avons pas besoin d'une masse de conseils et encore moins de reproches ou de remarques infantilisantes.

Des conseils contradictoires

Les conseils, souvent contradictoires, reçus durant la période postnatale sont en effet vécus avec difficulté par les jeunes parents et en particulier les jeunes mamans qui se sentent si responsables de leur nouveau-né et sont alors si sensibles. Professionnels, famille et amis, chacun a son avis, et bien entendu, est persuadé d'avoir raison : du rythme des tétées ou des biberons au type de maternage : cododo ou chambre séparée ? Le laisser pleurer ou non ? Porter son bébé ou lui apprendre à être seul ? Comment l'habiller ? A-t-il assez chaud ? Trop froid ? Comment faire pour le coucher ?

Au-delà de différences générationnelles ou éducatives, ces pratiques divergent aussi en fonction des cultures. Ce qui sonne chez nous comme une certitude est perçu autrement dans d'autres pays*. De part et d'autre du globe, les bébés sont-ils si différents ? L'existence de manières de faire aussi diverses devrait nous encourager à trouver ce qui convient à notre bébé.

> « De par mon vécu et celui de ma profession, je suis ostéopathe, je constate que les conseils perturbent chaque maman car ils sont souvent contradictoires. Le seul conseil que j'aurais aimé avoir est : Fais-toi confiance et les difficultés se termineront un jour » (Alix).

---

* Mei-Ling Hopgood, *Comment les Eskimos gardent les bébés au chaud et autres aventures éducatives du monde entier*, Jean-Claude Lattès, 2013.

Être parent à sa manière

De nombreux couples ont l'impression d'être pris en porte-à-faux entre leurs aspirations, leur instinct et les conseils reçus de leur famille. Ils se trouvent alors tiraillés sur le modèle à privilégier. Développer l'écoute de sa petite voix intérieure pour déceler ce qui paraît juste, s'interroger sur les modèles qui vous inspirent, sur les valeurs à transmettre, pourra éclairer vos choix et consolider vos fondations parentales. Discerner les conseils ou les remarques à prendre en compte de celles qu'on laissera de côté devient beaucoup plus aisé.

A contrario, nous avons le privilège, à notre époque, d'avoir le choix en matière d'éducation, de pouvoir choisir nos valeurs, nos repères, en résonance ou non avec notre lignée familiale bien sûr, mais aussi en fonction des usages des amis, des professionnels ou des ressources (livres, blogs) qui ont du sens pour nous. Il existe enfin des groupes de parents et des associations locales* pour s'informer, échanger et avancer dans sa parentalité.

Apprenez à vous faire confiance et à écouter votre bébé. La solution est en vous, dans l'équipe que vous formez avec votre enfant ! Votre bébé est unique. Il est le plus à même de vous indiquer ce qui lui convient et ce dont il a besoin. Et vous, vous êtes la spécialiste de votre bébé.

La juste place de la transmission

De nombreuses familles sont confrontées à des tensions à la suite de la naissance d'un enfant. En cause ? Des conseils

---

* Association L'Arbre à bébé, les ateliers et consultants du réseau de parentalité créative, les groupes de parents Filliozat, Faber et Mazlish, etc.

maladroits ou imposés qui flirtent avec le jugement ou l'infantilisation. « Avant, on ne faisait pas comme cela », « On a toujours laissé pleurer nos enfants et ils ne s'en portaient pas plus mal », « Tu vas lui faire prendre de mauvaises habitudes », « Il faut que tu réussisses à couper le cordon », « Mais qu'est-ce qu'elle pleure, es-tu sûre que tu as assez de lait ? », « Pas étonnant qu'elle soit enrhumée, habillée comme cela, elle a dû attraper froid ».

> « J'ai été très affectée par les réflexions que je prenais comme des reproches, comme si je ne faisais "pas ce qu'il fallait avec mon bébé". Avec du recul, j'ai réalisé que leurs remarques n'étaient pas négatives, ils étaient perdus, décalés avec ce qu'ils faisaient en leur temps... Toutefois, j'aurais apprécié qu'ils s'abstiennent » (Océane).

Si la transmission, quand elle est imposée, est mal reçue ou perçue, elle est aussi très riche et est source de partage, d'apprentissage, de liens, de solidarité, de coopération. L'enjeu consiste à rendre compatibles transmission, partage d'expérience et respect de vos choix.

Se protéger de ce qui ne nous convient pas

Si vous ne vous sentez pas en accord avec les conseils reçus ou sensible aux critiques et remarques désobligeantes, il vous revient de vous en préserver. Voici quelques pistes.

- Laissez glisser : parfois, il suffit d'un simple hochement de tête, d'un sourire, d'un silence ou d'une note d'humour pour changer de sujet.

- N'en faites jamais une affaire personnelle*: vous ne pouvez pas contrôler ce que les gens disent mais vous êtes responsable de la façon dont vous le vivez. En nous offrant leurs conseils ou en se permettant des remarques, ces personnes parlent d'elles, de leur expérience. Prenez du recul et conservez votre énergie.
- Certaines personnes ressentent le besoin de nous faire partager leur expérience et ce qui leur a été utile. Dans ce cas, il s'avère intéressant de simplement écouter avec intérêt et respect, comme on entendrait un témoignage.
- « C'est incroyable la quantité de conseils que je reçois en ce moment, je crois que j'ai surtout besoin de confier mes préoccupations sans que l'on m'apporte sans cesse des solutions » : diffuser un message en évoquant la situation en général passe mieux et évite que ces personnes ne se sentent rejetées.

Débattre de chaque sujet avec chacun n'est pas une obligation. Chaque personne prend ses propres décisions. À moins d'avoir l'esprit militant, éviter les discussions enflammées avec des personnes campant sur leurs positions et insistant pour vous convaincre sera préférable dans cette période sensible.

Prendre soin du couple parental

Chacun de vous doit pouvoir tâtonner, trouver ses gestes, sa façon d'être parent et prendre sa place à sa manière. À tête reposée, partagez ensemble vos découvertes, vos questionne-

* Miguel Ruiz, *Les Quatre Accords toltèques*, Guy Trédaniel, 2018.

ments, vos pistes. Dans le feu de l'action, retenez-vous autant que possible de réagir par des remarques.

Vous participerez ainsi à la magnifique sensation de former une « super équipe ». Vous inaugurerez une dynamique propice pour vous sentir forts, soudés dans les moments les plus exaltants comme dans ceux les plus inconfortables. Et pour vivre votre Mois d'Or dans le climat le plus serein possible !

VIII

L'incroyable potentiel du Mois d'Or

De la conception à la naissance puis pendant le Mois d'Or, le psychisme de la femme se transforme. Les premiers jours, elle se sent flottante, elle a l'impression d'être en décalage, hors du temps et du mental ordinaire. L'univers dans lequel elle a plongé mêle les vécus les plus subtils aux préoccupations biologiques les plus primaires.

Jamais le corps n'a vécu un changement aussi intense. « Surréaliste, magique, une découverte, répétitif, déroutant, extraordinaire, vide, perdue, merveilleux, hypersensible… » : tels sont les adjectifs employés par les femmes pour décrire cette période.

Ce bouleversement, physique et psychologique, n'est pas toujours visible, ce qui explique pourquoi il est parfois mal compris par l'entourage. L'intime est difficile à dévoiler. Et pourquoi d'ailleurs faudrait-il se justifier de souffrir ces mille petits maux qui vont des pertes de sang, de la gêne causée par les hémorroïdes, d'une cicatrice tendue, d'un ventre encore gros sans le charme que lui donne la grossesse, jusqu'à cette fatigue qui engourdit le corps et l'humeur ?

Et puis son bébé, on l'aime plus que tout au monde et, dans l'heure qui suit, on se demande quelle idée a bien pu nous prendre de vouloir un enfant. On se sent comblée mais totalement vidée, forte et vulnérable à la fois, inquiète, désemparée. Le Mois d'Or est une phase paradoxale faite de vide et de trop-plein d'émotions, où se côtoient lenteur et intensité.

Au cours de l'existence, rares sont les moments où il faut s'adapter si vite : le corps est transformé, un peu abîmé, on endosse le rôle de parent découvrant son nouveau-né, son corps, ses besoins, ses expressions, la mise en place de l'allaitement ou les premiers biberons, les soins, le rythme veille et sommeil, imprévisible, les pleurs… Il faut faire preuve de souplesse, révéler des aptitudes endormies, repérer les solutions appropriées. En somme, trouver le bon accord pour commencer à tisser un lien harmonieux avec son bébé, avec soi, et dans le couple. À partir de cette phase se dessine un nouvel ordre duquel nous sortirons invariablement transformées. Voici quelques points de repères pour tracer votre voie dans cette nouvelle dimension.

35

Une fenêtre dans l'espace-temps

« Notre bébé nous fait le cadeau des enseignements spirituels dont nous avons le plus besoin. Grâce à sa faculté de nous plonger dans un état d'attention et de réceptivité, concentré sur ses petits soupirs, ses rots, son corps sans résistance, ses ongles miniatures et ses grands yeux ouverts, nous apprenons à apprécier l'extraordinaire que ces moments simples recèlent en abondance. Aucun stade ultérieur de développement de votre enfant ne vous donnera de plus belles occasions de contacter la force que l'on acquiert quand on est dans l'instant présent. Au cours des premiers mois d'un enfant, les parents, y compris les plus soumis à leur ego, peuvent aller toucher les profondeurs de leur âme, dans ces moments au cours desquels le vide apparent déborde en réalité de richesse*. »

Le Mois d'Or vous invite à goûter un autre espace-temps. Vous sortez de la cadence ordinaire, vous quittez vos habitudes, vous vous échappez du système qui vous presse à compter, rationaliser, séparer, ne serait-ce que pour gagner quelques minutes. Les jours suivant la naissance vous donnent la chance

* Shefali Tsabary, *Parents, enfants : Grandir ensemble*, Le Courrier du Livre, 2016.

de goûter la saveur simple de la vie. Dans cet autre espace-temps, vous êtes entrée dans le rythme doux de la nature, le temps horticole, auquel répond notre corps de mammifère. C'est lui qui a donné de l'énergie pendant neuf mois pour soutenir la construction d'un nouvel être et se préparer à sa naissance. La nature a porté le fruit à maturité. Elle prend maintenant le temps de rentrer en elle et d'y puiser son énergie. De même, l'arbre s'intériorise l'hiver. Pour assurer ses fondements, il concentre son énergie vers l'intérieur. C'est en développant ses racines qu'il pourra renaître au printemps.

De la même manière, après avoir mené sa grossesse à maturité et avant de s'ouvrir au monde et de connaître un nouveau printemps, la femme a besoin de se concentrer sur ses besoins fondamentaux et sur son tout-petit, sur sa transformation intérieure et ses nouveaux repères. Vu de l'extérieur, ce phénomène paraît lent. Et c'est tout à fait normal tant le réajustement intérieur est profond.

Respecter cette lenteur, c'est être en cohérence avec la temporalité de la nature et celle de notre corps, le cycle naturel de la vie.

Cette temporalité particulière habite non seulement notre corps mais aussi nos plans psychiques et émotionnels. Peut-être vous sentirez-vous en décalage avec le rythme, les préoccupations et les discussions ordinaires. Peut-être n'arriverez-vous même plus à suivre une conversation qui vous semblera dénuée d'intérêt. Ce n'est tout simplement pas ce que la vie vous propose pendant cette période. Le Mois d'Or est un temps suspendu. L'important est de ne pas rester attachée à l'ancien rythme, d'accepter cette bulle spatio-temporelle qui est en phase avec notre état psychique, émotionnel et physique.

C'est le décalage entre un rythme interne lent, profond, plus sensible et une vie extérieure rapide, saturée, sur-stimulante qui peut nous fragiliser et produire ce sentiment d'être dépassée. Vous disposez de quarante jours de tranquillité pour aborder votre nouvelle vie et ses nouvelles valeurs.

36

Trois expériences inspirantes offertes par le Mois d'Or

Vivre l'instant présent

Certaines d'entre vous l'expérimenteront : une toute jeune maman passe des minutes entières, voire des heures, à simplement observer son bébé. Cela fait partie du processus d'attachement. Le petit être lui semble parfois étranger, puis elle apprend à connaître chacun de ses traits, ses petites mimiques, on s'apprivoise ! Grâce à cette concentration pleine et entière, nous baignons dans l'instant présent.

Favoriser la vie au présent permet d'être plus en paix, de se préserver de la tristesse, de la dépression, un état émotionnel lié au passé, de dépasser la mélancolie, la nostalgie de notre vie d'avant, de faire le deuil de ce qu'on aurait aimé que notre bébé soit et de l'état de plénitude de la grossesse. C'est aussi un moyen efficace pour se préserver de l'anxiété et de l'angoisse causées par les projections dans le futur. Être dans le moment présent, ce qui est.

Si, à la naissance de son bébé, on cueille l'instant présent comme un fruit mûr, on subit aussi des émotions qui nous emportent. Or, soutenir et encourager cet état de présence et de contemplation, et même l'entretenir, est entre nos mains.

Offrons-nous de l'espace, disons adieu aux stimulations du smartphone, résistons au réflexe d'une centième photo, calmons notre respiration et nos pensées, qui consistent à calculer l'heure du dernier biberon ou de la dernière tétée… Osons être purement et simplement en présence avec notre tout-petit ! Sur la même fréquence que lui, qui ne pense ni au passé, ni au futur, il est pleinement présent à ce qui est, à ses sensations, ses ressentis. Le présent est l'espace de votre rencontre.

L'émerveillement

Le Mois d'Or et votre bébé vous offriront l'émerveillement. Un nouveau-né attire et éveille la joie : du voisin à la boulangère, tous sont soudainement attendris à la vue d'un nouveau-né. Les étrangers deviennent familiers, nous lancent une petite remarque en passant, restaurant ainsi des bribes de lien social. Les premiers jours et les premières semaines abondent de premières fois : première respiration, premier regard, première tétée ou biberon, premier bain, première nuit, premier trajet en voiture, premier sourire, premières vocalises, première couche qui déborde. Il n'y a jamais autant de découvertes que durant les premiers mois de vie.

Chaque jour, même les plus sombres, donnera lieu à de petites merveilles, des tout petits riens qui vous attendriront. Prenez le temps de savourer pleinement ces moments, c'est l'un des grands secrets pour bien vivre le Mois d'Or et les mois suivants.

L'émerveillement recharge, donne du sens, nous connecte à l'essentiel et nous nourrit. Vital pour l'esprit de la jeune mère, il l'inonde d'ocytocine et lui donne la force de traverser les heures plus dures où elle pourrait avoir le sentiment d'être en « mode radar » ou en « état de survie ».

L'empathie

Ou se mettre dans la peau de votre bébé : plutôt que d'attirer l'attention de votre bébé, essayez de sortir de votre position d'adulte et de vous mettre dans sa peau. Que peut donc regarder votre bébé ? Quel est cet objet qui le fascine ? Qu'est-ce qui peut bien l'intriguer ? Une couleur, une forme, un son, le reflet d'une lumière au plafond ? Prenez un instant et mettez-vous à sa hauteur, dans sa position, dans sa tête et son corps de petit être humain. Chaque objet devient alors bien plus, il devient une forme, des couleurs, des reliefs, voire un parfum, une luminosité, il devient une source incroyable de découverte et d'expérience. Partagez avec votre bébé la fascination pour la plus simple des bouteilles d'eau posée sur la table de nuit qui laisse danser en elle les reflets de la lumière venant de la fenêtre. Partagez avec lui l'étonnement, la joie de la découverte, le bonheur de la contemplation. Ce sera aussi un sacré atout pour comprendre ses signaux, ses besoins et tout simplement pour vous sentir connectée l'un à l'autre.

Laissez-le être acteur de l'interaction dès les premiers moments de vie. Répondez-lui, imitez-le plutôt que de vouloir lui apprendre. Comme le souligne la pédagogue Maria Montessori, « un enfant n'est pas un seau que l'on remplit, c'est une source que l'on laisse jaillir ».

De plus, les études en neurosciences révèlent que chaque bébé développe en une seconde une quantité de connexions neuronales hallucinante. Chaque son, chaque expression de votre visage, sont importants pour lui, il les observe, les enregistre, les relie les uns aux autres.

« Savoir qu'il se passait un processus extraordinaire dans le cerveau de mon bébé dans les moments les plus basiques comme le changement de couche participa à me donner de la force pendant mon Mois d'Or. Je me disais que chaque son, chaque expression de mon visage, chaque balade ensemble participaient à ces milliers de connexions cérébrales. Cela donnait de la valeur à des moments ou des actions qui auraient pu être rébarbatives, éveillant en moi un véritable émerveillement à l'égard de ce processus extraordinaire » (Marie).

37

Le temps de la mue

Un bébé, aussi petit soit-il, détient une puissance incroyable : il bouscule notre géographie et ses frontières intérieures, en révélant le meilleur comme le plus inavouable, il fait surgir ce que nous avions soigneusement enfoui, notre vécu, nos blessures… mais il révèle aussi les plus belles dimensions de notre personne, parfois éteintes ou abîmées, par des expériences de vie difficiles.

En tant qu'adultes, nous nous sommes façonnées grâce aux expériences qui ont jalonné notre vie depuis notre naissance ; nos interactions sociales reposent sur des schémas de fonctionnement bien spécifiques. Pourtant, ces strates posées les unes sur les autres seront renversées, déroutées, avec l'impression de se perdre de vue, il faudra alors recomposer. Témoin conscient de ce qui se joue en nous, nous avons davantage de chances de désamorcer certains schémas et d'évoluer dans notre relation à notre enfant.

Renaître à soi-même

Les suites de couches ressemblent à une période de mue. Ce processus de transformation incontournable nous rend vulnérable et dessine un nouvel équilibre avec lequel se familiariser. Il ne s'agit pas de retrouver celle d'avant mais de se découvrir semblable et autre à la fois. La naissance d'un enfant est aussi celle d'un père et d'une famille, passant du couple amoureux au couple parental. La naissance d'un premier-né de sa génération signe la modification de toute l'arborescence familiale. Cela peut être aussi la naissance d'un grand frère ou d'une grande sœur, il est important d'en prendre soin. Être présente à toutes ces naissances simultanées est un exercice de haute voltige. D'où l'importance, nous n'insisterons jamais assez, de relais. Pour, d'une part, prendre soin de vous, et d'autre part, être présente pour votre bébé et votre aîné, car il vit lui aussi un grand bouleversement.

Faire confiance à votre potentiel de parent

Au milieu des tâtonnements, des tentatives, des doutes, des inquiétudes, des imperfections, rappelez-vous que vous détenez toutes les ressources nécessaires pour être le parent de ce petit ! Vous êtes compétente pour le job ! Le petit être que vous tenez dans vos bras n'a aucune idée lui non plus de toutes les compétences qu'il va acquérir, de son potentiel en devenir et pourtant, il a en lui tous les potentiels pour s'adapter à tous les climats, tous les lieux de naissance. De même, en chaque nouveau parent résident déjà les capacités de répondre aux besoins de son enfant.

La confiance en soi est importante pour bien vivre la parentalité. Ce n'est pas d'une confiance arrogante dont il est question mais d'une confiance en votre équipe, vous, votre bébé mais aussi en votre conjoint, une confiance en évolution permanente. Ayez confiance dans le potentiel de cette famille que vous formez désormais, à être unie, harmonieuse et rayonnante. Croire en ce noyau, le laisser se construire petit à petit, l'aimer, reconnaître sa beauté et sa valeur, de cette confiance naîtront la force, l'intuition et l'harmonie.

Le juste don de soi

De par sa dépendance primaire des premiers temps de sa vie, ce bébé nous oblige à nous donner au-delà de tout, à donner au-delà de ce que, peut-être, nous avions donné jusque-là. Le grand défi : donner pleinement à son tout-petit, son temps, sa présence, voire son corps, sans pour autant s'épuiser. Si cela vous transforme, cela ne doit pas vous détruire. Se donner sans se perdre : là est le juste équilibre à trouver.

Le bébé a besoin de la bienveillance de la mère, de gestes qui prennent en compte ses demandes. Il lui faut une enveloppe contenante que le père ou des proches sont en mesure de lui offrir. À la façon des poupées russes, la petite famille est contenue par le cercle de la communauté, le « village », composé des personnes, amis, famille ou professionnels qui lui font du bien. Un proverbe africain dit qu'« il faut tout un village pour élever un enfant »…

Pour donner de façon juste, il faut être soi-même pourvue, ce qui signifie s'inscrire dans le grand cycle du donner et du recevoir. Recevoir n'est pas toujours une évidence, mais, soyez-en sûre, ce sera une véritable force pour toute votre vie de femme et de mère.

Dès les premières semaines de la vie de votre bébé, et pour pouvoir se consacrer entièrement à lui, il est nécessaire que d'autres soient présents pour s'occuper de vous. Ce mouvement du donner et du recevoir ne se restreint pas à la relation duelle mère-enfant. Il est donc bénéfique d'accepter de recevoir l'aide extérieure, de la demander sans détours, si elle n'est pas proposée spontanément.

Apprendre à recevoir est un apprentissage capital quand on devient parent. Aider, se soutenir, ne sont pas des actions propres à la femme ou réservées à cette période du Mois d'Or, elles sont l'apanage de toutes les périodes délicates de la vie (enfance, vieillesse, maladie, phase difficile ou défi particulier) et cela est présent dans toutes les cultures qui n'ont pas perdu ce sens de la communauté et de la solidarité. C'est tout simplement naturel.

Le réservoir d'énergie, se connaître pour en prendre soin

En nous se trouve comme une sorte de réservoir d'énergie qu'il faut alimenter avec régularité. Si vous êtes en grand manque de sommeil, vous serez moins disponible, moins patiente. Si votre alimentation ne répond pas à vos besoins, vous en pâtirez physiquement et mentalement, cela aura même des conséquences sur le plan hormonal et donc émotionnel.

Durant le Mois d'Or, être à sec signifie accumuler des frustrations et laisser se développer le cercle vicieux: le manque de sommeil d'abord, l'épuisement psychologique ensuite qui génère du stress et de l'inquiétude, qui eux-mêmes conduisent à une baisse de réceptivité aux signaux du bébé, qui donc pleure davantage; de ce fait, vous êtes agacée et susceptible d'envoyer promener votre compagnon alors même que vous auriez besoin de vous sentir aimée et renforcée par sa présence…

De même, si vous êtes en carence affective par manque d'attention, de compréhension, de regards, de gestes tendres ou tout simplement de tendresse, votre réservoir sera plus vite à sec, avec les conséquences qui s'ensuivent. « L'amour, c'est du carburant », explique Isabelle Filliozat, psychothérapeute et spécialiste de l'enfance.

« Mais je n'ai pas le temps de m'occuper de moi ! » vous direz-nous. Soyons clair : nous ne parlons pas ici de disposer d'une heure pour soi par jour. À moins d'avoir une équipe de soutiens à sa disposition, cela est rarement réalisable. Prenez le temps de réfléchir à ce qui vous est bénéfique. Qu'est-ce qui, en cette période particulière, vous apporte du positif, est facilement réalisable et de courte durée ? Vous pouvez piocher dans les ressources proposées au chapitre 36, toutes expérimentées et approuvées. Traitons-nous avec douceur sans trop d'exigence.

Du besoin de contact au besoin d'être entendu

Notre échelle des besoins commence par des besoins primaires : boire, manger, dormir, etc. Puis viennent les besoins complémentaires : le contact physique chaleureux, le besoin d'espace personnel, le besoin d'avoir de l'influence, le besoin de se dire, d'avoir confiance en soi et dans l'autre, d'exister, de se sentir appartenir, apprécié et accepté.

Jacques Salomé, psychosociologue, évoque les besoins relationnels courants, encore plus essentiels pendant le Mois d'Or :

- Besoin de se dire, avec ses propres mots.
- Besoin d'être entendue, dans le registre de ma parole.

- Besoin d'être reconnue telle que je suis et pas comme on voudrait que je sois.
- Besoin d'être valorisée et nourrie avec le sentiment d'avoir une valeur.
- Besoin de rêver, de croire que demain sera meilleur.

Mieux connaître la diversité de nos besoins est un atout dans notre vie de parents. Cela nous permet d'y répondre, du moins en partie, et de préserver la qualité de vie de notre famille, en évitant les situations de surmenage (fatigue, violences implicites ou explicites…).

Ne jamais négliger l'attention et l'amour

Vous avez besoin d'amour ! Des études scientifiques montrent que sept à vingt et une secondes de contact physique sont nécessaires pour une décharge d'ocytocine (hormone de l'amour et du bonheur), alors prenez ces petites secondes ! Osez formuler ce besoin à votre conjoint. De la musique apaisante, de la chaleur sont d'autres moyens d'augmenter vos ressources d'ocytocine.

Aller à l'essentiel : privilégier l'être au faire

Pour entretenir le réservoir, soyons stratégique en nous soulageant de ce qui n'est pas nécessaire et en disposant de relais. D'habitude vous partagiez des tâches avec votre conjoint, ce sera maintenant à lui et aux personnes-soutien que reviendront l'ensemble des charges. Le repas, la vaisselle, les lessives, le linge, les toilettes, même les soins du bébé, change, soin du cordon, bain, biberons si vous n'allaitez pas, peuvent être pris en charge par votre conjoint et vos soutiens. Les tâches ménagères ne vous concernent pas pendant le Mois d'Or, en particulier pendant les vingt et un premiers jours. Vous avez simplement à être. À vos yeux, votre bébé est un petit miracle, et pour lui votre seule présence est miraculeuse. Tout est parfait !

Ne vous déplacez que si c'est nécessaire. Vous avez soif, vous voulez éteindre la lumière ou prendre un coussin, plutôt que de vous lever, autorisez-vous à demander. Ce sera la garantie de votre sérénité et de votre récupération. Dans cette bulle du Mois d'Or, le simple fait d'être pleinement présente à votre bébé et de laisser votre corps se rétablir fait de vous une super woman qui se respecte.

Cette attitude peut bousculer notre besoin d'agir, nos habitudes, réveiller notre peur de demander, susciter le malaise d'être servie, écorner l'image de celle qui peut tout gérer. Autorisez-vous à lâcher prise. La méditation peut vous y aider.

De si précieuses qualités

La douceur est une force de vie qui nous porte. Nul être vivant ne peut subsister sans douceur à un moment de son développement. Si cette qualité fut beaucoup galvaudée, elle demeure fondatrice dans notre expérience de la vie, car nous en sommes dépendants.

Sur le plan psychologique, le nouveau-né est vulnérable et dépend des soins qu'on voudra bien lui accorder. Nous savons l'importance pour le bébé d'un socle affectif stable pour affronter les épreuves de la vie. La délicatesse et la lenteur des gestes, la modulation de la voix éveillent, rassurent et apprivoisent le nourrisson*. Au début, nous sommes étonnés en voyant notre bébé sursauter en dressant les bras lorsqu'un bruit qui nous semble anodin le surprend, tel qu'un bruit de plastique ou de vaisselle. C'est dire sa sensibilité.

L'empathie est la capacité à ressentir et à comprendre les émotions et les besoins d'autrui. Il s'agit d'une compréhension affective de l'autre. Cette qualité est importante pour déceler les désirs et les besoins du bébé. La générosité, elle, découle de l'empathie. Elle relève du don. C'est la qualité de la personne encline à s'occuper des autres sans préoccupation d'intérêt personnel.

Le mois après l'accouchement est donc un moment propice à la découverte de cette humanité en soi. On nous propose de magnifiques stages de ressourcement et de bien-être dans des endroits sublimes. Regardons la vie dans sa vérité : elle aussi ouvre des fenêtres de transformation. Le Mois d'Or est une expérience de vérité très rare au cours d'une vie.

Lorsque nous avons proposé à Chloe Dunn** de nous livrer son témoignage sur cette période, elle s'est montrée très enthousiaste.

« Avec mon compagnon, nous nous sommes installés un mois avant le terme dans notre maison à la campagne ; une maison en pleins travaux et transformation. C'était parfait, car nous

---

* *A contrario*, on peut citer le triste exemple des orphelinats roumains découverts dans les années 1990 dans lesquels l'absence totale de soin et d'attention affectait les nourrissons, forcés de rester serrés, emmaillotés des jours durant, au point d'entraver leur croissance physique et cérébrale.

** Chloe Dunn est violoniste et l'une des deux auteures du blog « Veggie Magnifique ».

aussi étions en transformation, Stéphane et moi. Une transition vers une vie à trois, cette vie de famille dont on ne pouvait pas encore imaginer la magie. Et puis mon bébé est arrivé. Stéphane a dit qu'un ange gardien est né au même moment ; un ange qui accompagnera Louis pendant toute sa vie.

L'arrivée de Louis a imposé un changement de rythme dans la maison. Alors qu'avant on accomplissait nos tâches de manière pressée, sans une pensée pour les bruits qu'on faisait, avec Louis dans la maison, tout se faisait à pas de velours, et on parlait à voix basse, par respect du doux sommeil de notre petit bébé.

Sentir son odeur de nouveau-né, c'était goûter à un amour pur et délicieux. Il émettait un parfum de crème mélangé à de la rose. Stéphane disait qu'il se shootait à son odeur. C'était mélangé avec le parfum sucré du lait maternel, et l'ensemble était perfection. Il n'a gardé ce parfum particulier qu'un petit mois, alors je suis contente qu'on en ait profité pleinement.

Stéphane s'amusait à jouer avec ses petits orteils. Il faisait comme si c'était des boutons de machine à écrire, avec chacun un son différent. Les grands yeux bleus de Louis scintillaient à cette interaction. Stéphane dormait à part pendant le premier mois, car il avait besoin de force la journée pour avancer sur les travaux, et aussi pour s'occuper de nous. Je ne pouvais pas vraiment me déplacer, alors je passais beaucoup de temps allongée au lit, lovée contre mon ange à la peau de velours, au duvet de pêche tout doux. En effet, les yogis Kundalini disent que les pieds d'une nouvelle maman ne devraient pas toucher le sol pendant les quarante premiers jours après l'accouchement. Et quand j'ai réussi à me remettre sur pieds, je prenais Louis partout avec moi dans l'écharpe de portage, pour lui apporter du bercement en continu, et aussi parce que je ne pouvais pas m'en séparer !

J'ai eu beaucoup de chance, car Stéphane a été là tout ce temps pour s'occuper de la cuisine, du linge, et de la maison. Il m'apportait mon petit déjeuner au lit, pendant que Louis ronflait à mes côtés. Louis se tordait toute la nuit à cause de ses coliques et de différents maux, mais il dormait profondément et paisiblement la journée. Il dormait aussi dans son landau en osier et, lorsqu'il se réveillait trop précipitamment, Stéphane prenait le landau par ses deux anses, en le faisant se balancer gentiment jusqu'à ce qu'il retrouve le sommeil. Et moi je les regardais en mangeant, avec grand appétit, sûrement pour rattraper les dernières semaines de grossesse où je n'arrivais pas à manger grand-chose tellement Louis prenait de la place dans mon ventre.

On a fait en sorte de limiter les visites de famille et d'amis au strict minimum. Et c'était tant mieux, car nous avons vraiment senti ce besoin d'être repliés sur nous-mêmes, le temps de fonder notre nouvelle famille. Nous avons passé beaucoup de temps à trois dans la nature, à exposer la douce peau de Louis à la belle lumière du mois d'août, et à faire des balades en forêt avec mon bébé dans l'écharpe de portage.

De toutes les choses que j'ai adorées durant cette période, regarder le petit visage de Louis pendant et après sa tétée me plaisait par-dessus tout. Il lâchait le téton en s'endormant, la béatitude absolue inscrite sur son petit visage. Le lait débordait sur ses petites lèvres brillantes, qui se fermaient au ralenti, comme ses petits yeux.

Je serai toujours remplie de bonheur d'avoir pris tout mon temps autour de la naissance de Louis. Ces petites scènes que je raconte ne sont qu'une infime partie des milliers de joies tendres que nous avons eu la chance de déguster pendant ce début de vie de famille. Je recommande vivement à toute future famille de tout faire pour protéger ce moment précieux et si éphémère. »

38

L'état d'ouverture de la mère et de l'enfant

Le Mois d'Or est une phase où la mère et l'enfant sont en totale ouverture. Au moment de la naissance, le corps de la femme s'est ouvert, son bassin s'est élargi pour le passage de l'enfant, la peau s'est aussi ouverte en cas de césarienne. Ce processus s'était déjà amorcé durant la grossesse, sur le plan de l'esprit, manifesté par une certaine porosité, une sensibilité accrue aux émotions, aux peurs, à l'autre. Avec la naissance, elle a atteint son apogée. Tout s'est ouvert : le corps, le cœur, l'esprit.

Cette ouverture apparaît également sur le plan énergétique. C'est avec ce présupposé partagé par de nombreuses traditions que l'on conseille à la maman de rester dans une bulle protectrice et harmonieuse, à l'abri d'émotions trop fortes, de communication, d'images, d'informations toxiques. La naissance et la période postnatale entraînent d'importantes modifications psychiques, neurologiques et énergétiques, cette ouverture est à la fois un privilège et une vulnérabilité dont il nous revient de faire un atout.

Les bienfaits de l'ouverture

Dès la naissance, comme nous en parlions précédemment, le cerveau s'adapte pour tenter de décrypter ce petit être dont nous avons la responsabilité. Comme le révèlent des études récentes, notre cerveau serait un décodeur, imparfait certes, mais en évolution constante. Ce décryptage passe par l'ouverture à l'autre, le développement de l'empathie, de notre réceptivité à notre bébé. La naissance, porte ouverte ou passage entre les mondes, ouvre notre cœur, balaie les anciens repères et en crée d'autres… Que se passe-t-il vraiment sur des plans subtils ? Quelles sont les réelles fonctions de cette ouverture qui perdure au-delà de la naissance, durant tout le Mois d'Or ?

Du côté du bébé

Selon l'approche indienne, mêlant ayurvéda et spiritualité, le bébé aussi est en état d'ouverture. Plus proche de nous, la médecin et pédagogue Maria Montessori explique que l'enfant jusqu'à trois ans est un « esprit absorbant » dont la fonction est la construction personnelle de l'enfant, de manière inconsciente. C'est cette fonction qui lui permettrait de s'adapter au monde, d'enregistrer les données de son milieu, de se développer et de s'adapter, absorbant ainsi tout ce qui est réel, tangible et concret, ainsi que le beau, le laid, et ce que l'on ressent à son égard. Bref, il capte tout ce qui l'environne.

Du point de vue de la dyade mère-bébé, cette perméabilité pourrait être interprétée comme un moyen de prolonger la symbiose mère-bébé au-delà de la fusion de la grossesse, accélérant ainsi le tissage de liens profonds entre eux. La communication sera possible même sans langage ni pensées abouties.

Cet état d'ouverture peut vous rendre vulnérable, les femmes sont alors plus sensibles à certaines ambiances, certaines paroles ou remarques, au désintérêt et à l'inattention à leur égard, ou encore aux ambiances négatives, aux images renvoyées par les médias. Le bébé peut aussi se voir imprégné d'influences dont il se serait bien passé : projections, pensées, intentions, certaines images.

Cet état peut aussi vous vider de votre énergie physique et énergétique. À ce propos, le bandage du bassin a également pour fonction de resserrer, de mettre des limites à cette ouverture qui peut s'assimiler à une béance. Dans certaines cultures, pour limiter les risques de cette ouverture, on pratique ces bandages afin de lutter contre l'épuisement maternel dès le début du Mois d'Or.

Les médecines chinoise et ayurvédique conseillent de se protéger de tous les éléments indésirables, qu'ils soient physiques ou non tangibles, en particulier le froid, la maladie, le mal-être psychique et émotionnel, les projections ou les jugements, les violences de tout ordre, d'où l'importance de créer sa bulle d'ocytocine.

L'importance de se protéger

Afin que cette ouverture soit vécue bel et bien de manière positive, il est important de développer le réflexe de vous protéger des maladies. Pensez à vous abriter du froid et du vent. La médecine chinoise va jusqu'à conseiller de rester à l'intérieur de chez soi pendant trente à quarante jours afin de ne pas être confrontée au froid. Cependant, selon la saison, notre nature et notre culture, nous ne ressentons pas forcément l'envie de rester confinée. Il suffit de prendre certaines précautions, par exemple un foulard toujours glissé dans sa poche ou à proximité, enfiler un gilet à la moindre sensation de fraîcheur, savourer des boissons chaudes et énergisantes, renforcer notre organisme par une alimentation saine en ayant recours à des compléments alimentaires.

Sur le plan émotionnel, essayez de côtoyer des personnes qui vous font du bien, en favorisant des relations saines et harmonieuses, en osant dire non, en différant les conversations sur des sujets sensibles, en vous exprimant dans les moments où vous vous sentez touchée, fragile, en repoussant le plus possible les rendez-vous non indispensables. De nombreuses femmes, avant leur premier enfant, ne s'attendent pas à disposer d'aussi peu de ressources physiques et énergétiques. Donc en amont, pendant la grossesse, anticipez les obligations incontournables pour vous en affranchir, afin de vous libérer du temps et de pouvoir vous consacrer à votre repos durant le Mois d'Or. L'ambiance dans laquelle vous baignez peut avoir des répercussions sur votre moral. Il est possible que vous soyez tout à coup très sensible aux violences fictives transmises par les écrans ou les informations. Même pour le bébé, les émotions véhiculées par des films violents détiennent un effet stressant ; sans regarder l'écran, il en ressent l'ambiance, d'autant plus que la distinction entre réalité et fiction est pour lui loin d'être évidente. Nous vous encouragerons à vous délester du maximum de prérogatives afin de créer une bulle de chaleur où vous sélectionnerez les personnes, les éléments qui pourront y entrer.

Devenir parents nous confronte à nos limites. Ces conseils pourront vous sembler, pour des raisons qui vous appartiennent, difficiles à mettre en place. Certains outils pour l'esprit tels que la méditation ou le développement personnel vous aideront certainement à mieux appréhender votre vie intérieure pour faire les choix qui vous correspondent.

39

Quarante jours d'un état à part

Les deux priorités du Mois d'Or consistent d'une part à récupérer votre énergie, ou du moins ne pas en perdre davantage, d'autre part, à tisser des liens relationnels avec votre bébé et ainsi faciliter ses premiers jours parmi nous sur Terre.

C'est génétique, le bébé est programmé pour s'attacher aux adultes qui prennent soin de lui. Au-delà de l'amour, c'est une question de survie. Le petit humain a, de manière vitale, besoin de relations qui incluent langage et affection*. Pour cela, il suffit juste d'oser prendre le temps de vivre ces moments privilégiés d'être ensemble. Cela vaut la peine de résister aux stimulations extérieures, copines, visites, smartphone, télévision. Car même si en apparence il ne se passe pas grand-chose, c'est l'essentiel qui se joue : ces liens s'approfondissent et vous unissent. La qualité de votre présence, le fait que vos gestes soient chargés d'affection, de véritable intérêt, vont forger la sécurité affective de votre enfant. Établir un lien

* Dès le début du XXe siècle, des psychologues du développement et des psychiatres psychanalystes comme René Spitz, Mary Ainsworth, Wilfred Bion ou John Bowlby mettaient déjà en évidence cette importance de l'affectivité dans le développement du bébé.

profond et privilégié dès les premiers moments de vie est un véritable cadeau pour lui, pour vous et pour votre relation à tous les deux.

La symbiose, un temps à respecter

En respectant cette symbiose mère-enfant, le choc de la séparation de l'accouchement est atténué pour le bébé et pour la mère. Ainsi la fusion ne laisse pas place au vide mais à un nouvel état transitoire : la symbiose maman-bébé. Pour la vivre pleinement, il est approprié de se créer une petite bulle symbiotique, un cocon psychique, physique et énergétique. Cela limitera les sensations désagréables d'être bousculée, dispersée, envahie, et vous permettra de prendre le temps de vous rencontrer l'un et l'autre en douceur.

L'intimité mère-enfant des tribus yakwanas et sanemas

Jean Liedloff, une Américaine née en 1926 à New York, est membre de la jet-set, mannequin, nomade, exploratrice. Lorsqu'elle se rend à une fête somptueuse offerte par un milliardaire, elle ignore qu'elle s'apprête à bouleverser sa vie et celles de milliers de parents et d'enfants. Elle y rencontre deux Italiens qui lui proposent d'explorer la jungle vénézuélienne à la recherche de diamants. Là, elle passe plus de temps parmi les tribus aborigènes qu'avec ses deux compagnons de voyage. Ses deux ans et demi d'observations perspicaces au contact des tribus vont donner naissance au « concept du continuum » qu'elle popularisera dans un livre*. L'idée est simple : pendant les premiers mois de sa vie, le bébé des tribus yakwanas et sanemas participe à toutes les tâches que la mère entreprend, lové au chaud contre elle, ce que Jean Liedloff nomme « la phase des bras ». Elle démontre ainsi l'importance vitale de cette période, non seulement pour la sécurité affective de l'enfant mais aussi pour le bien-être de la mère ! La proximité, le peau contre peau avec le bébé pallient cette sensation d'entre-deux, de vide post-grossesse, ressentie par les jeunes mères.

D'après elle, le sentiment de manque de l'adulte occidental serait causé par l'isolement qu'il ressent pendant ces premiers mois. Lorsque le livre paraît en 1975, il s'inscrit à l'encontre des théories occidentales selon lesquelles le nourrisson doit développer son indépendance au maximum. Ces concepts nous influencent encore aujourd'hui : l'enfant doit regagner sa chambre sitôt sorti de la maternité, il est promené en poussette, on le pose dès que possible, il est soit avec nous, soit à part. Or, dans les tribus yakwanas et sanemas, le nourrisson est intégré à la vie du groupe. Ce constat nourrit notre propos sur l'importance de prolonger autant que possible le lien physique, tactile, chaleureux entre la mère et l'enfant lors de ses premières semaines de vie, à la fois pour sa sécurité intérieure à lui et son bien-être à elle. Certes, reproduire la vie de ces tribus est impossible dans le contexte actuel. Toutefois, le concept du continuum est bénéfique dans le cadre des premières semaines de la vie du bébé. Et même au-delà !

* Jean Liedloff, *Le concept du continuum*, Ambres, 1975.

La possible incompatibilité des besoins : entre collaboration et rivalité

De cette symbiose découle l'harmonie, l'unité avec notre tout-petit. La synchronisation des cycles du sommeil permet de mieux récupérer. Dans la construction de ce lien, comme par exemple la mise en place de l'allaitement, votre petit est votre partenaire. Cependant, il n'est pas impossible que vous ayez parfois l'impression qu'il s'apparente plus à un rival, voire à un persécuteur, pendant les nuits les plus dures où ses cris paraissent aussi stridents qu'interminables.

Il n'est pas impossible que votre sommeil soit entrecoupé, que votre petit ne veuille pas quitter vos bras, qu'il pleure dès qu'on le pose et même qu'il se réveille dès que vous osez le mettre dans son lit alors qu'il avait l'air tout à fait endormi dans vos bras. Ce n'est pas non plus impossible qu'il pleure des heures malgré toute votre bonne volonté et vos multiples propositions.

Il est en effet probable que ce minuscule petit être épuise votre énergie et votre patience comme jamais personne ne l'avait fait auparavant. Quand le besoin de contact de notre bébé contrarie notre besoin de dormir, quand notre besoin de tendresse avec notre conjoint est contrecarré par son besoin d'être sécurisé, il n'est pas impossible que l'harmonie de la symbiose laisse place à un sentiment de rivalité.

Dans ces moments, il est encourageant de se rappeler que même si nos besoins sont en concurrence, notre bébé n'est pas notre rival !

Il se trouve en revanche dans un état de dépendance immense. Il ne connaît rien du monde mis à part la sensation de notre présence et le rythme du battement de notre cœur qui lui rappelle la sécurité du milieu utérin lorsque son oreille était appuyée contre notre poitrine. Ses besoins, contrairement aux vôtres et à ceux de votre partenaire, il ignore qu'il peut les différer, il est incapable de se représenter ce qui se passe si la réponse à ses besoins lui fait défaut. Y répondre est donc une priorité.

Ses besoins sont donc très chargés émotionnellement et peuvent entraîner une grande insécurité s'ils ne sont pas pris en compte. Tandis que pour nous, adultes, notre cerveau mature nous permet de différer, de nous adapter, de relativiser. « Quel est son vécu ? Que dit-il ? Quel message ai-je envie de lui transmettre ? Pourquoi je dis (ou je fais) cela ? Mes besoins sont-ils en compétition avec ceux de mes enfants ? Qu'est-ce qui est le plus précieux pour moi ? Quel est mon objectif* ? » sont quelques-unes des questions éclairant le rapport à votre enfant.

Toutefois, il ne faut pas sous-estimer le fait que ces premiers quarante jours constituent pour nous la fenêtre de repos et d'énergie. Approcher l'équilibre, minute après minute, jour après jour, devient une quête permanente…

Quand on est à bout…

Attention, si vous vous sentez fatiguée, éreintée, passez la main ou isolez-vous ! Il existe des espaces d'écoute, des groupes de parents près de chez vous. Si vous vous sentez découragée, épuisée, à bout, ou que vous ayez tout simplement besoin d'être écoutée, faites appel aux services gratuits comme la hotline « SOS Parentalité » mise en place par Catherine Dumonteil-

---

* Isabelle Filliozat, *Au cœur des émotions de l'enfant*, Marabout, 2013.

Kremer, en partenariat avec la Maison de l'enfant. Ces professionnels consultants en parentalité sont aussi des parents ayant traversé des difficultés. Ils offrent « quinze minutes pour relâcher la pression » en vous écoutant avec bienveillance, en vous redonnant de l'énergie, de la confiance en vous. Ils vous aideront à trouver vos propres pistes pour sortir la tête de l'eau*.

* Pour les contacter : 0974 763 963 (appel non surtaxé) du lundi au samedi de 14 heures à 17 heures. Pensez à enregistrer ce numéro dans votre téléphone pour y accéder facilement en cas de besoin.

IX

Le Mois d'Or, et après ?

40

Oser vivre son Mois d'Or… jusqu'au bout

Votre bébé est sur Terre depuis une lune, un mois qu'il a rejoint votre vie. Déjà, un cycle s'achève.

À la suite de l'accouchement, rester chez soi, à l'abri du bruit, de la pollution et des préoccupations du monde, est naturel. Les résonances de la naissance telles que les pesanteurs, les difficultés à se maintenir debout jouent en faveur du repos. Puis les forces reviennent, on gagne en efficacité et en autonomie, quel soulagement !

Après deux à trois semaines, la poursuite de ce rythme doux qui consiste à restreindre ses efforts devient moins évident. La vie reprend son cours, votre partenaire, s'il était en congé paternité, a peut-être retrouvé son activité, les appels sont plus rares, le soutien moral moins présent. Quelle étrange sensation de se retrouver en tête à tête avec son bébé, dans ce rythme lent et intense à la fois. Pendant cette période, encore une fois, ne restez pas seule.

Le corps et l'esprit ont vécu un grand bouleversement. Des craintes surgissent : Vais-je rester dans cet état de fatigue ? Quand vais-je retrouver un peu de liberté de mouvement ?

Et ma vie d'avant ? L'envie de renouer avec le monde est vive, on veut sortir du Mois d'Or aussi vite que possible. C'est ici le piège : puiser dans les ressources emmagasinées durant les deux premières semaines post-accouchement risque de vous épuiser quand viendra la reprise du travail et de vos activités. Choisir de prolonger ce retrait au-delà de deux semaines est une manière d'accueillir et d'accepter sa part de fragilité. C'est aussi une opportunité d'honorer la merveille de ces premiers instants avec votre bébé.

Où est passée celle que j'étais avant ?

Sœur, amie, amoureuse, professionnelle… Une pluralité de dimension vit en chacune de nous… Les équilibrer est un exercice. À cela s'ajoute une nouvelle dimension qui, lorsqu'elle surgit, emporte tout sur son passage : la maternité.

La relation avec son bébé absorbe, modèle, transforme, occupe toute la place : se sentir à l'aise et heureuse dans cette vie n'est alors pas toujours une évidence. On craint de perdre celle que l'on était avant. Ce phénomène est en fait cohérent : la maternité, pour pouvoir se déployer, doit éclipser temporairement les autres dimensions de soi. Après avoir osé être mère l'espace de ces premiers temps, en symbiose avec votre bébé, nous reviendrons en temps voulu aux autres dimensions de nous-même, mais en ayant pleinement vécu et exploré cette facette maternelle.

Pendant un temps limité, se détacher de ce qui n'est pas essentiel permet de s'immerger dans les effluves de cette maternité toute neuve. Pour explorer, apprendre, comprendre en toute sérénité, il faut être disponible, ouverte et souple, donc laisser de côté ce qui n'est pas essentiel. Le bébé dcmande un amour inconditionnel. Cette période de repos est une invitation à oser vivre la symbiose avec lui. Si passer de longues heures à vous occuper de votre bébé vous paraît une éternité, d'ici quelques années, peut-être aurez-vous la nostalgie de ces séquences de vie passées trop vite.

Gardons-nous toutefois de magnifier le potentiel de récupération de ces six semaines. En réalité, d'après certains spécialistes, après avoir mis au monde un enfant, le corps aurait besoin d'un an pour retrouver une forme physique optimale. Trois à quatre mois sont d'abord nécessaires pour retrouver un tonus digestif, l'hypotonie des voies urinaires et remettre en place le système veineux. On observe aussi des pertes de cheveux autour du troisième mois. Les sages-femmes parlent d'ailleurs de quatrième trimestre au sujet des trois mois suivant l'accouchement. Sur le plan psychologique, la dépression post-partum peut survenir à tout moment durant la première année. Autour de trois mois, alors que l'entourage imagine qu'elles sont rodées, de nombreuses femmes ressentent que l'équilibre de cette nouvelle vie est encore précaire. Elles peuvent vite se sentir isolées et épuisées.

41

Préparer la transition pour éviter la crise

Un nouveau départ

Si la chenille tenait à tout prix à poursuivre sa vie de chenille, au-delà d'une certaine durée, qui est variable selon l'espèce, elle mourrait. En revanche, si elle s'arrête, qu'elle jeûne et s'enferme dans un cocon, elle se métamorphose en papillon. Cet exemple illustre parfaitement l'importance des cycles jalonnant l'existence de l'humanité. Les quarante jours du Mois d'Or ne sont pas un simple repos après un effort, leur rôle est de préparer un nouveau départ. En accompagnant, en pensant et en concevant cette nouvelle vie, on évite qu'elle ne vire à la crise. Le cycle œuvre à l'harmonie de cette transformation. L'objectif est donc d'éviter que ne se confrontent l'époque d'avant votre bébé avec cette nouvelle vie de responsabilités, en l'intériorisant comme un rite de passage.

Dans de nombreuses sociétés antiques, le nombre quarante fut symbole de transition et d'introspection, promesse d'un changement profond. L'entrée dans ce seuil marque la maturité, le renouveau. Sur le plan corporel, quand s'achèvent les quarante jours, le bassin est refermé, les blessures sont cicatrisées, l'utérus a retrouvé sa taille d'avant la grossesse, c'est l'heure de l'ouverture au monde.

Le *gold blessing* : célébrer la fin du Mois d'Or

Dans de nombreuses sociétés traditionnelles, les quarante jours se ponctuaient d'un rite, d'une cérémonie ou d'une célébration. Le rituel découpe le temps, marque et structure. C'est en effet un passage clé, une fermeture de l'ancien vers le nouveau, qu'il est précieux de célébrer avant le retour au cours ordinaire de la vie. Libre à chaque couple d'achever cette période par une fête intime ou non, une cérémonie d'accueil ou par un moment plus sacralisé si vous en avez la sensibilité. Enfant, nous avions besoin de rituels pour passer du jour à la nuit et nous endormir. Adulte, ce besoin est toujours vivant. Une seule précaution à prendre : que ce moment ne devienne pas une charge pour la jeune maman. Travailler en vue de célébrer la fin du Mois d'Or serait un comble. Le soutien du conjoint, de la famille ou des amis dans son organisation sera donc essentiel.

Les vertus du *gold blessing*

La naissance d'un nouvel être humain crée du lien entre les membres d'une communauté. Pour vous et vos proches, sa présence marque la fin d'une période de vie et en annonce une nouvelle. Non seulement vous passez au rang de mère et de parents, mais l'arrivée de ce bébé rappelle à chacun les années, les expériences, la vie en changement ! Être ensemble durant ces moments particuliers fonde notre humanité. C'est si réjouissant.

Que votre bébé soit accueilli et reconnu par ceux qui vous sont chers sera précieux.

Vous ne voudrez pas être réduite à la maternité, mais vous sentir considérée et respectée dans cette nouvelle réalité est aussi important, rien qu'au regard du travail accompli depuis le début de la grossesse jusqu'au terme des quarante jours. Cela demande beaucoup de courage, d'enthousiasme et de don. Reconnaître cet accomplissement en vaut la peine !

Honorer et remercier donne de la force et de la foi. La reconnaissance est excellente pour l'estime de soi. Elle vous procure de la confiance pour avancer vers ce nouvel horizon, forte de cette dimension maternelle. Une cérémonie d'accueil ou un rituel est vraiment une excellente manière de mettre un point final au Mois d'Or et d'amorcer un nouveau départ.

Le cœur et l'intention

Il est tout à fait possible d'organiser un rituel laïc. Que ce moment ait du sens pour votre petite famille est le plus important. Il s'agit d'abord d'une rencontre en douceur entre votre petit et les autres. Que souhaitez-vous que vos proches transmettent à votre enfant ? Avec quelles pensées, quelle intention aimeriez-vous pour que ce premier contact s'établisse ? Préférez-vous que l'on fasse des remarques ou des comparaisons physiques avec votre grand-tante ou préférez-vous que chacun vienne paré de magnifiques intentions pour l'épanouissement de sa vie ?

Que vos amis, votre sœur, votre frère, vos parents prennent le temps de penser à un vœu, à émettre une pensée, c'est de l'énergie, de l'amour ! Afin de pouvoir formuler ses vœux avec présence, délimitez un temps spécial où chacun à son tour remettra ses souhaits à votre bébé ainsi qu'un éventuel cadeau.

Ces gestes simples sont un véritable moment de grâce, une diffusion d'or fluide sur votre enfant.

Ce temps peut être aussi consacré au partage des joies et des difficultés du Mois d'Or. C'est le moment idéal pour faire le tour des remerciements, de faire preuve de gratitude envers celles et ceux qui nous ont soutenue durant cette période.

Pour aller plus loin vers le sacré

Il appartient à chacun de sacraliser cette rencontre selon ses affinités, sa croyance, sa religion. Pendant ce moment, l'objectif est de passer à une autre fréquence, une autre perception de la réalité en créant une unité d'intention autour de votre bébé. C'est cela qui donne la direction du rituel. En général, on se figure le rituel bordé d'objets mystérieux et vaguement obscurs. En fait, les encens, bougies, fleurs ont une action physique et vibratoire sur l'environnement. Ces objets élèvent la vibration d'une pièce. En somme, le rituel, en lien avec le cosmos, est une manière « de rendre à la création un peu d'énergie que nous n'avons de cesse de recevoir * ». La forêt, la plage, au bord d'une rivière, vous pouvez aussi opter pour que le *gold blessing* se déroule dans la nature. Certains plantent un arbre à la naissance d'un enfant.

Un fil de coton

Parmi la communauté muong, au Vietnam, se pratique un rite un mois après la naissance. Ce rituel accompagne l'incarna-

* Catherine Maillard, « Ordonner le monde, en quête de sacré », *Inexploré*, n° 41, décembre 2018.

tion du bébé dans toutes ses dimensions à travers l'enlacement du poignet d'un petit fil de coton, le *cakwai* qui signifie « lien de l'âme » et marque le lien entre son corps et son âme, s'incarnant pleinement à un mois.

Transposition possible

Dès la naissance, un bracelet pourrait par exemple être offert à vous-même, à votre partenaire mais aussi à toutes les personnes qui vous soutiennent durant votre Mois d'Or. Marquant le lien entre vous, ce bracelet matérialise le sentiment d'être accompagnée, portée même dans les moments de solitude ou de doute. Lors du *gold blessing*, chacun l'ôte pour marquer l'achèvement du Mois d'Or.

La reprise du travail

Le Mois d'Or est un bon départ incontournable, le vivre en vous reposant facilitera votre reprise professionnelle. Il est possible que vous vous sentiez sensible, un peu en décalage au moment de renouer avec vos activités. Peut-être votre bébé ne fera-t-il pas encore ses nuits, vous serez fatiguée, à fleur de peau, taraudée par les problématiques des couches à acheter et de votre bébé à aller chercher à l'heure, bien loin des préoccupations de vos collègues. Rien d'anormal. Certaines femmes engagent parfois même une reconversion professionnelle, en prolongement de cette transformation opérée avec la naissance de leur enfant. D'autres reprennent leurs activités avec enthousiasme. Mais toutes sont vite débordées. L'aide et le soutien devraient être accordés aux parents durant au moins la première année.

L'épuisement des jeunes mères est causé par la manière dont la société organise le post-partum, en chargeant entièrement la responsabilité du bébé sur leurs épaules. Cette charge est très lourde quand on la vit seule, que les tâches ne sont pas réparties avec le conjoint ni avec l'entourage. Concevoir, réfléchir, développer une conscience sur l'importance de soutenir les parents dans la période post-partum dessine un changement de paradigme. Les relais ne doivent pas se limiter au terme du Mois d'Or. En attendant ce changement culturel et que se réactivent la solidarité et l'entraide, sachez que votre couple peut bénéficier d'une aide-ménagère jusqu'aux six mois de l'enfant grâce à la Caisse d'allocations familiales.

42

Périnée et rééducation

Au terme des six semaines, vous prendrez rendez-vous pour un premier bilan périnéal. Cette séance peut se dérouler avec une sage-femme, un kinésithérapeute ou un gynécologue. Choisissez la méthode et la personne avec laquelle vous vous sentez en confiance. La rééducation s'échelonne entre huit et vingt-cinq séances. Elle sera prise en charge à 100 % par la Sécurité sociale, sans date de péremption, du moment qu'elle fait suite à un accouchement. Un privilège qui nous est envié dans d'autres pays. Essayez de réaliser ce bilan puis les séances en étant vraiment disponible, car c'est gage d'efficacité et de pérennité. Si vous ne vous sentez pas prête au terme des six semaines, mieux vaut attendre quelque temps.

Si vous ressentez des symptômes comme des pesanteurs, des pertes urinaires ou de selles, il est pertinent de commencer dès les six semaines après l'accouchement. C'est le moment de se donner toutes les chances pour que ces inconforts ne s'inscrivent pas dans le temps.

Les méthodes

Méthodes appareillées

Cet ensemble de techniques correspond aux femmes qui ne sont pas dérangées par la dimension mécanique des outils utilisés pour la rééducation et qui ne disposent pas de temps à consacrer à la rééducation au-delà des séances.

- **La sonde :** il s'agit de stimuler des terminaisons nerveuses au moyen de stimulations électriques. C'est une séance où vous n'avez aucun effort à déployer, car la sonde placée dans votre vagin s'occupe de tout.
- **Le Bio Feed Back :** il s'agit d'exercices et de contractions via une sonde, des électrodes et un écran ; elle permet d'observer instantanément les effets des contractions.

Méthodes manuelles (avec toucher vaginal)

- **L'approche manuelle classique :** le praticien use du toucher vaginal et stimule les zones pour évaluer leur tonicité, favoriser la prise de conscience et permettre leur contraction volontaire.
- **La CMP (connaissance et maîtrise du périnée*) :** il s'agit de travailler chaque zone musculaire périnéale au moyen de visualisation. En fonction de la zone s'associe une image différente, une grotte, un portail, une vague, aucune contraction physique, mais une contraction mentale. C'est un travail raffiné qui permet d'être autonome et de se familiariser

* La CMP est une méthode éducative créée par Dominique Trinh Dinh, sage-femme.

avec son intimité. Cette méthode exige de la discipline et de la régularité, en prenant le temps de réaliser les exercices à la maison quotidiennement.

*Méthodes non invasives**

- **L'eutonie** : il n'est pas nécessaire d'attendre le bilan pour commencer l'eutonie. Il s'agit d'une approche qui travaille sur la posture, la prise de conscience du corps et de l'ensemble des muscles du périnée, pendant les séances mais aussi au quotidien, grâce à la visualisation, la respiration, des postures et des mouvements doux (gainage, équilibre).
- **Pour certaines femmes,** une problématique psychique empêche le périnée d'accomplir ses fonctions. Le travail intérieur que ces problématiques engagent consiste à apprendre à se respecter, à poser des limites saines, à cesser de s'épuiser, à se redresser dans son corps et dans sa posture psychique et énergétique. Et éventuellement de commencer une thérapie.

Prendre soin du périnée tout au long de sa vie

La rééducation ne devrait pas se limiter exclusivement à la période postnatale, ouvrir la porte à une éducation périnéale tout au long de la vie est précieux. Pour cela, la CMP et les méthodes non invasives (eutonie, travail sur soi et yoga) transmettent des outils utiles, de la puberté aux vieux jours. Elles rendent compétente et autonome, participent à réinvestir et habiter notre corps de femme. Cela aura des bénéfices préven-

* Méthodes sans toucher vaginal ni appareillage.

tifs pour une éventuelle future grossesse mais aussi pour votre santé à tous les âges de votre vie.

Pour celles qui souhaitent continuer dans cette voie, au moment de votre retour de couches, il existe des approches développant la conscience des cycles menstruels et leurs interactions avec nos vécus corporels, hormonaux et psychiques*. Cela s'inscrit également dans la dynamique du respect du corps, de son rythme et de la rencontre avec son féminin.

* Gaëlle Baldassari, *Kiffe ton cycle !*, Larousse, 2019.

X

L'importance du conjoint et des bonnes étoiles

43

Un mot pour les pères

Après l'attente des neuf mois, il est désormais temps d'entrer en piste ! Les missions ne manquent pas : l'amoureux attentionné, le père présent, l'amant patient, le coéquipier sur lequel compter pour tenir la barre du navire familial. Une mission en or !

Premier principe à garder à l'esprit : le Mois d'Or est une fenêtre à part. Votre femme vit un bouleversement rare. Après avoir mis au monde votre enfant, son corps a changé, ses repères aussi ! Ses émotions sont à fleur de peau, en particulier à cause des chutes hormonales survenant à partir du troisième jour. Votre compagne est en pleine mue, la rendant vulnérable de manière temporaire.

Dans cette tempête postnatale, elle a besoin de vous : de votre amour, de votre reconnaissance pour ses efforts, de vos encouragements, en particulier sur son chemin d'allaitement si c'est son choix. Déboussolée, voire perdue, elle peut vite fondre en larmes. Un de ses plus grands besoins sera de sentir que vous avez vraiment confiance en elle.

Le second point consiste à admettre que votre femme a changé. Et vous aussi. L'enfantement est un passage qui comprend un avant et un après. Le Mois d'Or initie une période de renouveau pour votre couple.

La mère et l'enfant ont besoin de vivre ce Mois d'Or dans une bulle. En tant que père, vous en êtes le protecteur. Participez aussi de façon active à l'organisation matérielle et rendez-vous disponible pour être présent auprès d'eux. Ces moments nourrissent toute la famille. À sa reprise du travail, quand le soir vous serez de retour chez vous, pensez que c'est le début d'une deuxième journée.

Si vous avez d'autres enfants, votre place à leurs côtés est capitale. Savoir et sentir que vous êtes disponible est important pour eux. Proposez des sorties et usez de ce temps pour approfondir votre relation privilégiée.

44

Les bonnes étoiles du Mois d'Or

Se rendre disponible, tout un art

Soutenir une femme pendant son Mois d'Or est l'un des plus beaux cadeaux que vous puissiez lui faire. Intervenir au cœur de cette période si sensible est aussi un témoignage d'amitié et d'affection.

Une « personne-soutien » est choisie par la mère pour l'épauler, autant sur le plan matériel que d'un point de vue moral. Elle peut être bénévole ou professionnelle : ami, famille, doula, yoga-doula, etc. S'il est positif de multiplier les sources d'aide, il est important que cela reste simple. Il serait dommage, sous prétexte de soulager la jeune maman, de la préoccuper davantage.

L'aide est variée, elle doit commencer par faciliter des besoins primaires : manger, boire et dormir. Prendre son repas lorsqu'on est seule avec son bébé peut vite devenir compliqué ! Ensuite vient la participation aux tâches quotidiennes : repas, ménage, linge, vaisselle, courses. Puis le renfort auprès des aînés, trajets pour l'école, sorties, ou le soutien affectif, écoute, apaisement, partage.

Devenez un pourvoyeur d'ocytocine

Plus qu'un soutien pratique, vous serez aussi des activateurs d'ocytocine. Cette hormone de l'amour, qui était à son apogée à la naissance, est désormais en chute libre chez la jeune maman. Par des mots doux, des gestes attentionnés, des regards, de la chaleur humaine, vous assurerez une transition en douceur. Durant le Mois d'Or, offrir un moment de bien-être, un massage du dos, des pieds, des points de shiatsu, un bercement avec un *rebozo* sera très apprécié.

Personne en soutien ou conjoint, l'essentiel est de materner la femme sans l'infantiliser, de la servir comme une reine et de l'aimer comme une amie. Discrétion, présence, affection, efficacité et délicatesse sont les principales qualités d'un bon accompagnant.

45

Des clés pour soutenir la jeune maman durant son Mois d'Or

Les attitudes à adopter

- Être centré en priorité sur les besoins de la jeune maman. S'ils sont satisfaits, la mère pourra mieux s'occuper de son nouveau-né. Chaque attention compte : lui proposer une tisane et la lui apporter en mains propres, présenter des coussins, mettre de l'ordre dans sa chambre (avec son aval), fermer les rideaux, installer un marchepied si elle est assise, lui apporter ses repas sur un plateau.
- Soutenir la mère dans sa confiance en ses propres ressources, prendre le temps de l'écouter, de l'accueillir dans ses émotions et ses questionnements.
- Respecter la bulle maman-bébé et l'intimité de la cellule familiale.
- Être attentif aux besoins de repos et de silence.
- Savoir s'effacer et éviter de chercher les remerciements.
- Faire preuve d'adaptabilité et de souplesse.
- Soutenir le papa. Il traverse aussi des émotions intenses et devoir faire face à plusieurs défis durant cette période : être

présent pour sa femme et son enfant, assurer en partie les tâches quotidiennes, reprendre son travail, etc.

Les erreurs à éviter

- Prendre trop de place, parler fort. Une personne-soutien est au service. C'est une petite fée discrète et attentive.
- Solliciter la mère pour chaque détail : regroupez vos questions, choisissez le moment opportun pour les poser et, si possible, sollicitez d'abord le père.
- Vouloir se substituer aux parents. Votre mission, c'est la mère ! Ne soyez pas dans la demande par rapport au bébé. La mère fera appel à vous si elle a besoin de relais.
- Critiquer la manière de faire des parents. Les parents ont besoin d'être soutenus et encouragés. Respectez-les dans leurs apprentissages et dans leur choix.

XI

Les quarante jours du Mois d'Or selon certaines cultures

46

Impureté ou intériorité ?

Lorsqu'on aborde, dans les cultures traditionnelles, les pratiques autour de la période suivant l'accouchement, la notion d'impureté revient fréquemment. En fait, c'est l'anthropologie imprégnée de l'influence judéo-chrétienne qui explique l'isolement des mères après l'accouchement dans les cultures traditionnelles par cette notion d'impureté, de souillure. Certes, la jeune mère perd du sang pendant plusieurs jours mais ce n'est pas pour autant que ces pertes sont une supposée impureté formant un motif de rejet ou d'exclusion. Intériorité ne signifie pas impureté.

Entre les pertes de sang, les fameuses lochies, et les prémices de l'allaitement, une jeune mère a souvent la poitrine dénudée les premiers jours de la naissance de son petit. Ces pertes de sang en continu la contraignent dans ses mouvements. Le retrait, dans ces moments, n'est pas un luxe et encore moins une punition des dieux !

Par ailleurs, la naissance d'un enfant est une expérience d'intimité. Pendant toute la durée de la grossesse, le bébé est protégé dans les profondeurs du corps féminin. À mesure que l'enfant se fraie une voie de sortie à travers le corps maternel, il vient réveiller des parties insoupçonnées du corps tout autant que des « gammes » extrêmes de la psyché, de la douleur à la joie, jusqu'ici enfouies. Sa naissance ouvre la création d'un nouveau monde. Un univers vierge qui ne tolère pas le bruit et l'agitation mais exige repli, calme et délicatesse. L'enfantement initie à l'humilité et au recueillement, aux émotions et à la douceur. Toute cette expérience est d'ordre intérieur. Le contraire d'un saut en parachute depuis un hélicoptère filmé par caméra. Les raisons qui expliqueraient ce retrait des femmes avec leur bébé sont donc multiples et ne peuvent se réduire à une impureté supposée. Ce retrait serait d'abord causé par le besoin de s'assurer un espace de régénération confortable avec le moins de sollicitations possibles. Ensuite par la nécessité de créer des liens privilégiés avec le nourrisson. Enfin, de se préserver des influences et énergies indésirables extérieures, comme le recommande l'ayurvéda, tant le corps de la femme est ouvert et perméable pendant cette période.

47

Retrait et esprit de communauté

L'ayurvéda

Ce corpus de connaissances sur le corps et l'esprit remonte à plus de cinq mille ans. Le berceau de l'ayurvéda se trouve dans le sud de l'Inde, dans le Kerala. Pour évaluer la durée du Mois d'Or, l'ayurvéda s'appuie sur le cycle des vingt-huit jours, une période clé dans la vie d'une femme. Durant cette période, le bébé reste avec ses parents et ses proches. Tant que la mère a des saignements, cette médecine considère important de la protéger des énergies extérieures, son corps et son mental sont plus sensibles et plus perméables. La jeune mère est ouverte, à vif. L'utérus béant cicatrise peu à peu tandis que la mère traverse une intense transformation psychologique. Elle se nourrit pour l'essentiel de lentilles de variétés bien spécifiques, de légumes très cuits, donc plus digestes, et d'huiles qui ne demandent presque pas d'efforts de transformation à l'organisme et facilitent le transit. L'ayurvéda recommande en particulier les feuilles de moringa et d'aneth.

Ailleurs en Asie, l'accent est porté sur le repos et la récupération. Même dans la très moderne et technologique Corée du Sud, ces savoirs ancestraux sont toujours appliqués. On donne une soupe de wakame pour nettoyer l'organisme de la femme qui vient d'accoucher. Elle ne consomme aucun aliment dur pour éviter tout effort à sa mâchoire. Une fois rentrée à la maison, elle suivra tous les jours des séances de massage et de spa ainsi que de conseils pour jeune maman dans un hôpital.

Esprit de communauté en Afrique

Dans certaines communautés, les femmes reçoivent le soutien de leurs membres. Une ou plusieurs femmes de la famille se rendent au domicile de la femme avant son accouchement. À la maison, elles sont choyées. Toutes ensemble, elles changent les langes et pratiquent des massages au beurre de karité très énergiques. Si les jeunes accouchées bénéficient d'une grande entraide sociale, un certain nombre regrette néanmoins de ne pouvoir être suffisamment au contact de leur bébé, car les soins ne sont pas prodigués par la mère. Vulnérables, elles se retrouvent parfois au milieu des tensions ordinaires entre membres de la famille, ce qui est une source de contrariétés. Mais que ce soit dans les villages ou dans les villes, elles peuvent en tout cas compter sur un réseau social.

48

Une solidarité qui existe aussi dans notre histoire culturelle

Au bas Moyen Âge (Xe-XIIIe siècle), les accouchements et les suites de couches s'accomplissent grâce à la solidarité féminine. Lorsque les premières contractions surgissent, les femmes du village préparent un lit propre, décorent la chambre de fleurs pour l'accouchée. Pendant la grossesse, celle-ci a été entourée de conseils et de soins sur son régime alimentaire et a bénéficié de vêtements adaptés à son état par une « ventrière », c'est-à-dire une sage-femme. « Elle connaît l'utilisation des plantes, la confection des pommades et pratique les massages, ce qui lui vaudra plus tard la suspicion de l'Église, voire l'accusation de sorcellerie*. »

Pendant les suites de couches, la jeune mère reste chez elle à l'abri des regards. La cérémonie du baptême de l'enfant se double d'une cérémonie destinée à la mère : les relevailles dont la pratique se répand à partir du XIIe siècle. Quarante jours après l'accouchement, la jeune mère prenait le chemin

---

* Céline Ménager, « Dans la chambre de l'accouchée, quelques éclairages sur le déroulement d'une naissance au Moyen Âge », *Questes, Revue pluridisciplinaire d'études médiévales*, n° 27, 2014, p. 34-35.

de l'église, sur le seuil de laquelle elle était accueillie par le prêtre qui lui permettait d'y entrer à nouveau.

XII

Mind maps illustrées

www.lemoisdor.com
Le_Mois_d'Or

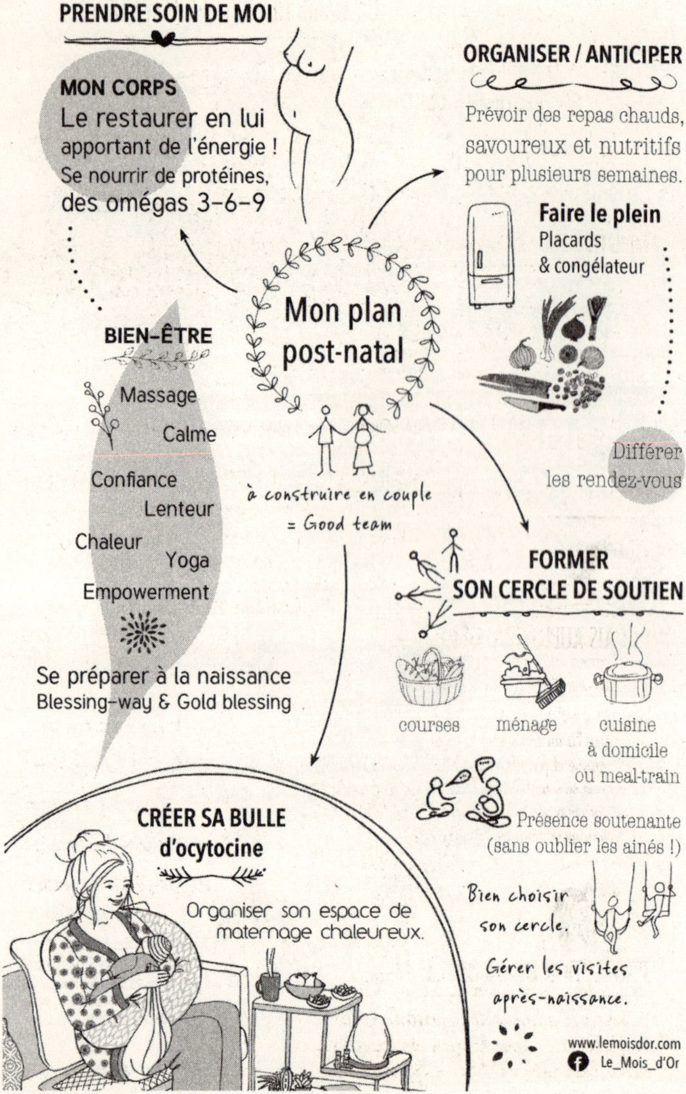
Mon plan post-natal
à construire en couple = Good team
PRENDRE SOIN DE MOI
MON CORPS
Le restaurer en lui apportant de l'énergie !
Se nourrir de protéines, des omégas 3-6-9
BIEN-ÊTRE
Massage
Calme
Confiance
Lenteur
Chaleur
Yoga
Empowerment
Se préparer à la naissance
Blessing-way & Gold blessing
ORGANISER / ANTICIPER
Prévoir des repas chauds, savoureux et nutritifs pour plusieurs semaines.
Faire le plein
Placards & congélateur
Différer les rendez-vous
FORMER SON CERCLE DE SOUTIEN
courses
ménage
cuisine à domicile ou meal-train
Présence soutenante (sans oublier les ainés !)
Bien choisir son cercle.
Gérer les visites après-naissance.
CRÉER SA BULLE d'ocytocine
Organiser son espace de maternage chaleureux.
www.lemoisdor.com
Le_Mois_d'Or

Mission Soutien Mois d'Or

LA MAGIE DES PETITES ATTENTIONS

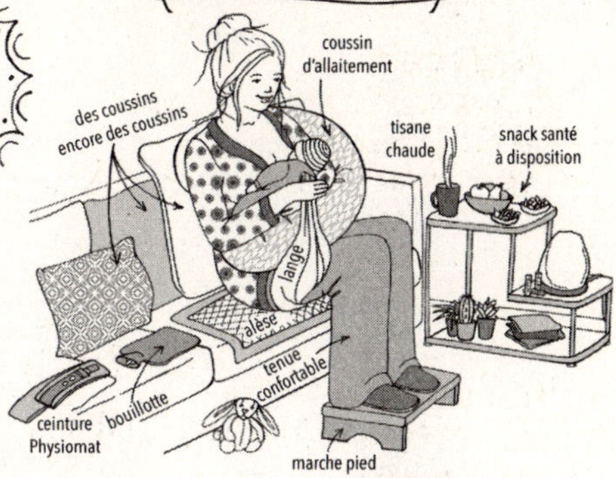

S'assurer que la jeune maman ait tout ce qu'il lui faut à portée de mains.

FACILITER LE QUOTIDIEN

- cuisine à domicile ou meal-train
- ménage
- courses
- aide auprès des aînés

FAVORISER LE BIEN-ÊTRE DE LA JEUNE MAMAN

Limiter les efforts et encourager l'horizontalité.
L'écouter et l'aider à se faire confiance.
Participer activement à son bien-être
(massage, shiatsu, rebozo... et chocolat).

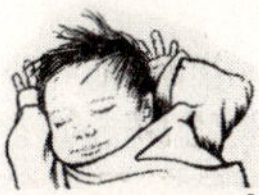

RELAIS AUPRÈS DE BÉBÉ

Uniquement si la mère en formule le besoin

Change, soins, bercements...
Pour que la maman se repose, se nourrisse et prenne soin d'elle.
(Et non pour se substituer aux parents ou pouponner pendant que la maman fait le ménage ou prépare le repas.)

☆ LES SUPER-HÉROS DU MOIS D'OR

- ☑ Présence bienveillante
- ☑ Respect & non-jugement
- ☑ Efficacité & discrétion
- ☑ Capacité d'adaptation
- ☑ Simplicité & sérénité

☆ ***Mais qui sont-ils ?***

Un conjoint, une amie, un membre de la famille ou toute une équipe de choc. Doula, Yoga-Doula ou personne-soutien du réseau du Mois d'Or.

PROTECTION DE LA BULLE

- Favoriser l'intimité de la petite famille
- Respecter et soutenir les parents dans leur choix, leur rythme et leurs apprentissages.

www.lemoisdor.com Le_Mois_d'Or

XIII

Astuces de cuisine et recettes réconfortantes pour le Mois d'Or

L'art de cuisiner sainement

Les ustensiles de cuisson et les accessoires

- **Un investissement qui vaut le détour : le cuit-vapeur.** Un cuit-vapeur à deux étages cuit deux aliments en même temps en n'altérant que faiblement la qualité nutritive des aliments. Pas besoin de garder les yeux rivés sur le feu, car la cuisson s'arrête automatiquement. En période postnatale, c'est pratique ! Sous l'effet de la chaleur, certains aliments libèrent davantage de vitamines liposolubles que s'ils étaient consommés crus. C'est le cas du brocoli dont la cuisson augmente le taux de provitamine A et de vitamine E.

- **Un mortier en bois ou en céramique** pour écraser les épices en grain dont les arômes sont bien mieux libérés qu'au moyen d'un appareil électrique.

- **Les planches à découper en bois** non traités plutôt qu'en plastique.

Éplucher ou pas ?

S'ils ne sont pas biologiques, il faut éplucher les légumes dont la peau peut contenir des pesticides. En revanche, si vos fruits et légumes n'ont pas été traités, il serait dommage de se priver des bienfaits que recèlent leurs couches externes : le vert du poireau est riche en chlorophylle, en vitamines et en minéraux, la partie externe de la carotte est aussi la plus riche en carotène (provitamine A).

Les aliments bio dont l'épluchage est inutile sont : le navet, le radis rose, la carotte.

Les aliments bio dont l'épluchage est facultatif sont l'asperge, la betterave rouge, le concombre, la courgette, le poivron, la pomme de terre, le potiron, le topinambour, la tomate (quoique pour le plaisir gustatif, sans la peau, la tomate est vraiment fondante).

Laver ou non ?

Il est indispensable de laver les fruits et les légumes qui proviennent du commerce courant. Laver élimine certains polluants atmosphériques. Toutefois, « l'efficacité du lavage pour éliminer les pesticides dépend du type de pesticides utilisé : elle est assez bonne si ce sont des pesticides de contact, mais pratiquement nulle si ce sont des pesticides dits "systémiques", qui sont absorbés par les racines de la plante* ». Si les fruits et les légumes sont issus d'une exploitation biologique située à distance des voies de circulation et autres industries chimiques, le lavage est utile pour en retirer la terre.

Faut-il faire tremper ?

Pour les céréales (riz, quinoa...), évitez le trempage qui amène des pertes importantes de vitamines.

---

* Claude Aubert, *L'art de cuisiner sain*, Terre vivante, 2011.

En médecine ayurvédique, les légumineuses (lentilles, haricots, pois chiches…) sont trempées avant cuisson (le temps de cuisson est en fonction de leur degré de raffinement). Le trempage permet une meilleure digestion, demande également un temps plus court de cuisson et génère moins de perte en nutriments et vitamines, préservant la vitalité des aliments.

Comment ne pas perdre les vitamines à la découpe

Après le râpage ou le découpage, ajouter du citron ou du vinaigre, qui va retarder l'oxydation et préserver ainsi les qualités de l'aliment.

La cuisson pulao en ayurvéda

Il s'agit d'un mode de cuisson qui provient d'Inde et qui utilise la cuisson à l'étouffée, le mode de cuisson le plus efficace avec la cuisson à la vapeur douce pour préserver non seulement les vitamines mais aussi les minéraux.

Dans une casserole, mettre deux généreuses cuillères à soupe de matière grasse, dans l'idéal du ghee (beurre clarifié). Dans le ghee, verser d'abord les épices (graines de cardamone, clous de girofle, cannelle en bâton…) puis le riz (cela fonctionne aussi avec du quinoa), des légumineuses, par exemple des lentilles corail, quelques légumes de votre choix et des épices (curcuma, curry, poivre…). À côté, vous aurez fait bouillir l'eau (volume : une fois et demi la quantité de matière dans la casserole). Verser l'eau bouillante sur le riz. Couvrir. Faire cuire à feu très doux pendant quinze minutes sans remuer ni ouvrir le couvercle. Puis éteindre et laisser couvert pendant dix minutes.

Conseils pour des légumineuses plus digestes (pour vous et pour votre bébé si vous allaitez)

- Changez l'eau de trempage une à deux fois pour les longs trempages.
- Rincez abondamment les légumineuses après le trempage ainsi que les légumineuses déjà cuites en conserve.
- Bien cuire les légumineuses, car la fécule mal cuite est indigeste.
- N'utilisez jamais l'eau de trempage pour la cuisson.
- L'astuce bicarbonate : ajouter une cuillerée à café à l'eau de cuisson, ce qui rendra les légumineuses plus digestes pour vous et pour votre bébé si vous allaitez.

Quelques recettes faciles et nutritives

Bouillie et bouillon : ainsi se résume la nourriture de la jeune accouchée qui prévalait pendant des siècles. Les céréales étaient grillées et transformées en farine, les légumes toujours cuits. L'objectif étant de restaurer son organisme en douceur. Il fallait « régénérer le sang perdu » disait-on, c'est-à-dire reconstituer la force vitale perdue pendant l'accouchement. Au Moyen-Orient comme en Asie, aujourd'hui encore, le bouillon est conseillé, parfois de manière exclusive. Chez les juifs marocains, après la naissance, la femme absorbe presque immédiatement le traditionnel bouillon de coq. La viande était un produit de luxe, ce qui témoigne de la grande considération dont jouissait la jeune mère. Recommandé également à la jeune accouchée par la médecine chinoise, le bouillon détient en effet de sérieux atouts pour l'estomac délicat de la période postnatale.

Le bouillon, le grand classique du Mois d'Or

Très digeste, peu calorique, le bouillon régénère la flore intestinale, réchauffe et régulerait les déséquilibres hormonaux. Il assure à l'organisme un apport en nutriments, vitamines (notamment la précieuse vitamine B12), et des acides aminés. Facile à cuisiner, sa préparation varie et vous pourrez l'adapter en fonction de votre régime alimentaire. Si vous êtes omnivore, avec des os de poulet ou des arêtes de poisson, ce qui assure un apport en collagène, si vous êtes vegan, il s'accompagne de morceaux de tofu, et si vous êtes végétarienne, d'un œuf. L'un des bénéfices du bouillon réside dans sa cuisson longue qui préserve les vitamines et les nutriments des aliments. Il restaure en profondeur l'organisme.

Bien sûr, si vous êtes seule avec votre bébé, vous n'aurez pas le temps de préparer un bouillon dans les règles de l'art. Dans ce cas, sortez de votre placard des indispensables un carré de bouillon biologique de légumes ou de volaille et mettez-le à chauffer avec de l'eau.

Préparation : entre 50 min et 3 h 20.

- Prenez de l'eau, des légumes aromatiques, ajoutez de la viande (voire juste des os) ou du poisson (têtes et arêtes) ou du tofu, des herbes et des épices.
- Laissez cuire entre 30 minutes et 3 heures à feu doux. Vous obtenez une sorte d'infusion qu'il ne reste plus qu'à filtrer (comme une décoction). Pendant cette cuisson, les principes actifs des éléments solides migrent vers le liquide, le parfument, le colorent, l'enrichissent de nutriments.

- Taillez les éléments aromatiques (carotte, oignon, champignon…) en petits morceaux réguliers afin de multiplier leur surface de contact avec le liquide et optimiser la transmission des parfums. Pour les débarrasser des goûts agressifs qu'ils développent à l'état cru, faites-les suer à feu doux pendant quelques minutes dans un peu de matière grasse.
- Une fois que le bouillon aura cuit à petits frémissements, laissez-le refroidir sans le mélanger, pour que les impuretés tombent au fond.
- Prélevez alors délicatement le bouillon louche par louche et filtrez-le au travers d'une gaze, afin d'obtenir un consommé limpide.
- Si vous devez lui adjoindre des aromates ou des herbes, faites-le au dernier moment, juste avant le service.

Quels légumes dans son bouillon ? Carottes, chou, pommes de terre, branches de céleri, ou céleri-rave, navets, poireaux, gros champignons de Paris, tomates.

Quelles protéines ? Tofu, arêtes de poisson, os de poulet, œufs.

Herbes aromatiques et épices : oignons, échalotes, laurier, gousses d'ail, bouquet garni, thym romarin, laurier, paprika, graines de coriandre, anis étoilé, cumin, curry, poivre en grains.

Soupe au miso à l'œuf*

Les bonnes bactéries du miso feront le bonheur de votre système digestif. La pâte de miso s'achète en magasin bio ou sur des épiceries en ligne (www.bienmanger.com).

Préparation : 10 minutes.

1 morceau d'algue kombu

½ c. à c. de curry

1 petit oignon

1 œuf

1 carotte ou 1 morceau de chou brocoli

4 bols d'eau

2 c. à s. de miso de riz

Mettez l'algue dans l'eau, porter à ébullition et retirez l'algue lorsque l'eau commence à bouillir. Ajoutez l'oignon et laissez cuire trois minutes à feu doux. Délayez le miso avec le curry dans un peu de bouillon et ajoutez-le à la soupe qu'on aura maintenue à feu très doux pour qu'elle frémisse sans bouillir. Battez l'œuf et ajoutez-le progressivement. Retirez du feu et servez immédiatement.

* Claude Aubert, *Fabuleuses légumineuses avec 140 recettes traditionnelles*, Terre Vivante, 2011.

Purée de patates douces et citron

Pour 4 portions.

Préparation : 30 minutes.

1 kg de patates douces

200 ml de crème (fraîche ou riz ou soja)

60 ml d'huile d'olive

2 citrons

5 g de feuilles de basilic

Sel et poivre noir

Épluchez les patates douces, coupez-les en morceaux. Faites-les cuire à la vapeur ou dans une casserole à l'étouffée. Dans un bol, versez 200 ml de crème fraîche ou de crème de soja ou de crème de riz, les feuilles de basilic, 60 ml d'huile d'olive, ajoutez une pincée de sel et du poivre moulu. Mélangez. Quand les patates douces sont cuites, passez-les au moulin à légumes ou au mixeur. Versez le mélange au fur et à mesure puis le jus de citron. Savourez.

Gratin de brocolis au tofu et au fromage*

Le brocoli est non seulement, mais également riche en vitamines et en protéines.

Préparation : 15 minutes

500 g de tofu

700 g de brocolis

50 g de fromage râpé

1 c. à s. de moutarde

3 c. à s. d'huile d'olive

Jus de citron

Cuisez brièvement les brocolis à la vapeur. Émiettez 200 g de tofu, ajouter la moutarde, le jus de citron et l'huile. Mixez pour obtenir une crème onctueuse. Ajoutez un peu d'eau si nécessaire. Disposez dans un plat à four huilé le reste de tofu coupés en morceaux. Nappez avec la sauce. Saupoudrez de fromage râpé. Cuisez 20 minutes à four moyen (thermostat 6).

* *Ibid.*

Velouté de carottes aux épices et tapioca

Le tapioca ou pudding a un pouvoir épaississant et son goût est neutre. C'est un aliment prédigéré riche en protéines, ses fibres favorisent le transit et c'est aussi un excellent laxatif.

Préparation : 45 minutes.

1 oignon

1 pincée de cannelle

600 g de carottes

5 c. à s. de tapioca

1 c. à c. de coriandre moulue

Crème liquide ou de coco

Beurre ou ghee

Sel, poivre

1 c. à c. de cumin moulu

Pelez et émincez finement l'oignon, puis faites-le fondre dans une cocotte avec du beurre pendant cinq à dix minutes à feu moyen. Ajoutez les carottes coupées en petits dés et assaisonnez. Versez un litre d'eau. Portez à ébullition et laissez cuire environ quinze minutes. Réservez l'équivalent de quatre cuillères à soupe de dés de carottes. Mixez hors du feu, puis rajoutez les morceaux de carottes. Portez à nouveau à ébullition et versez le tapioca en pluie tout en remuant. Faites cuire sept minutes à feu doux tout en remuant régulièrement. Le tapioca est cuit lorsqu'il est transparent. Hors du feu, ajoutez la coriandre, le cumin et la cannelle ainsi que de la crème. Servez.

Préparations pour le partenaire et les bonnes étoiles

La routine du matin

Pour le petit déjeuner de la jeune maman, lui préparer un porridge à déposer sur sa table de nuit :

- Versez du lait d'avoine ou de riz (ce sont des éléments chauds, les privilégier au lait de soja ou d'amande) dans une casserole et faites brièvement réchauffer.
- Ajoutez au choix des fruits secs (amandes, noix de cajou, noisettes…) et des baies de goji, de myrtille, abricots secs, bananes séchées, cranberries.
- Ajoutez des flocons d'avoine qui regorgent de bienfaits pour la santé. Leur teneur en vitamine E en fait l'alliée de la jeune maman.
- Ajoutez une cuillère de purée d'amandes ou de beurre de cacahuètes.
- Mélangez le tout dans un bol. Servez !

À préparer en prévision du déjeuner

- Dans le cuit-vapeur, les soutiens placeront au choix des légumes découpés, sur lesquels sera répandu du jus de citron : brocolis, choux-fleurs, haricots verts, pommes de terre, carottes, poireaux, patates douces. Pour le déjeuner, vous n'aurez plus qu'à lancer l'appareil. Vingt minutes plus tard, les légumes seront chauds et cuits, la majorité des vitamines préservées.

- Faites cuire du riz ou du quinoa dans une poêle ou une casserole, puis recouvrez-les.
- Préparez une théière de tisane à base de clous de girofle, de menthe, de thym, d'anis, de cannelle.

Les attentions bienfaisantes au cours de la journée

Le lait d'or (pour le réconfort et ses bienfaits)

Pâte de curcuma : ¼ de verre de poudre de curcuma + 1 c. à c. de poivre noir + ½ verre d'eau (la pâte de curcuma est à préparer avant l'accouchement).

Dans une casserole, mélangez et faites cuire les ingrédients en remuant afin que la pâte soit lisse et crémeuse. Quand le mélange est froid, versez-le dans un contenant puis placez-le au réfrigérateur. Il se conserve un mois.

Au moment de préparer la boisson chaude : dans une casserole, versez un verre de lait végétal (avoine, riz, noisettes) et deux cuillères à café de pâte de curcuma. Faites chauffer jusqu'à ébullition. Versez dans une tasse ; quand c'est tiède, ajoutez une cuillère de miel ou de sirop d'érable. Savourez.

Les vertus du curcuma sont innombrables : ses propriétés sont anti-inflammatoires, analgésiques, anti-oxydantes…

La collation nutrition express

Faites chauffer du ghee ou du beurre dans une poêle, ajoutez des amandes préalablement trempées et séchées et faites-les dorer en veillant à ce qu'elles ne noircissent pas. Puis sortez-les et répandez une cuillère de miel. Préparez une tisane d'allaitement dans une théière que vous trouverez en magasin bio.

Les boules d'énergie ou Energy balls

Composition de la partie humide, au choix : dattes, pruneaux, figues, bananes, miel.

Composition de la partie sèche, au choix : amandes, noisettes, noix, noix de cajou, pistaches concassées ou en poudre, graines de chia, poudre de noix de coco, poudre de cacao ou caroube, raisins secs, graines de sésame.

Mixez les deux parties ensemble afin de former une pâte à rouler en boule dans une poudre (cacao, noix de coco ou autre) pour éviter qu'elles ne collent. Un régal !

Les crêpes (sans gluten), pour les dimanches paresseux

Ingrédients : 50 cl de lait d'amande – 3 œufs – 250 g de farine de riz complète – 40 g de sucre complet – 10 cl d'eau – 1 pincée de sel

Dans un plat creux, versez le lait d'amande, les œufs, l'eau, le sel. Mélangez. Ajoutez peu à peu la farine de riz. Laissez la pâte reposer pendant au moins cinq heures au frais, idéalement dans une carafe hermétique. Faites cuire les crêpes dans une poêle huilée et très chaude. À déguster chaudes accompagnées de ce que vous aimez (confiture, sucre, sirop d'érable, miel…).

À vous qui avez des jeunes mamans dans votre entourage, pensez que le plus beau cadeau à lui offrir est un bon petit plat frais, un petit coup de ménage ou quelques courses !

Vous pouvez aussi veiller à laisser toujours à disposition de la jeune maman des fruits secs (dattes, figues, pruneaux, abricots secs) et des oléagineux (trempés si possible) en bonne quantité.

Les conseils de l'ayurvéda

L'ayurvéda est riche de connaissances pour prendre soin de la jeune accouchée. Voici quelques préparations adaptées à ces circonstances exceptionnelles.

Le ghee (beurre clarifié)

La merveille à introduire dans tous vos plats. Incontournable en ayurvéda, aussi bien en cuisine qu'en médecine, le ghee aide à l'assimilation et à l'absorption des nutriments, il développe et renforce les épices que l'on y fait frire, il consolide le système immunitaire, contribue à la lubrification des tissus, apaise le système digestif et le système nerveux. Il est connu enfin pour augmenter l'intelligence et les fonctions mentales, améliorer la vision et la fonction enzymatique. Une cuillerée à café de ghee par jour est gage de bonne santé. Si le ghee est assez cuit, il peut se conserver indéfiniment, car il n'y a plus ni eau, ni protéines. S'il commence à moisir après deux semaines, c'est qu'il n'a pas été assez cuit. L'idéal consiste à en préparer quelques semaines avant le terme.

Préparation : 20 min

Utilisez du beurre bio non salé de préférence. Coupez en quelques morceaux une plaquette de beurre de 250 g. N'hésitez pas à préparer plusieurs plaquettes en une seule fois, ce sera plus rapide et vous aurez des réserves pour toute la durée du Mois d'Or. Faites chauffer à feu très doux dans une casserole à fond épais jusqu'à ébullition. Patientez vingt minutes en retirant de temps en temps la mousse blanche en surface. Les parties « solides » du beurre vont descendre au fond de la casserole. Versez dans un bocal à confiture, propre et sec. Il est possible aussi de le filtrer avec une passoire à thé assez fine ou un filtre à café placé dans un entonnoir. Le ghee peut se conserver plusieurs semaines à l'extérieur du frigo.

Le kichari de haricots mungo ou de lentilles corail

La recette nutritionnelle du Mois d'Or, idéale juste après l'accouchement.

L'ayurvéda conseille de faire une mono-diète de kichari pendant les dix jours qui suivent la naissance. Absorber continuellement les mêmes aliments demande moins d'efforts d'assimilation à l'intestin. Ce plat unique composé de riz et de lentilles et de deux légumes au maximum peut être consommé en alternance avec du payasam, du riz ou du tapioca cuit dans du lait auquel on ajoute des épices douces, ou un porridge à base de flocons d'avoine et de lait.

La composition liquide et apaisante du kichari permet de retrouver de l'énergie, d'amorcer une perte de poids et d'éviter les fringales de sucre souvent dues à des fonctions digestives instables et à un système nerveux mis à rude épreuve !

Utilisez la proportion idéale d'une part de riz pour une demi-part de haricot mungo (la plus digeste des légumineuses, particulièrement efficace dans l'élimination des pesticides, on les trouve uniquement en magasin bio) ; si vous n'avez pas de haricots mungo, optez pour des lentilles corail. La recette de base comprend le riz, le haricot mungo, le curcuma et du poivre noir (du sel si on désire). Pour davantage de fibres, ajoutez quelques légumes faciles à digérer (type courges).

Pour 6 portions

300 g de riz basmati

150 g de mungo dal ou haricots mungo (magasin bio), ou de lentilles corail

2 c à s. de ghee

1 bonne c. à c. de curcuma

1 c. à c. de poivre noir moulu

1 c. à c. de graines de cumin

1,5 à 2 c. à c. de sel

100 g de carottes ou pommes de terre coupées en petits dés

100 g de courgettes coupées en petits dés

Coriandre fraîche, un filet de jus de citron

Trempage : faites tremper les ingrédients à l'avance dans un récipient d'eau froide (1 heure pour le riz basmati, 3 heures pour les haricots mungo).

Préparation : faites chauffer le ghee dans une cocotte. Quand il est bien chaud, ajouter les graines de cumin : remuez à feu doux trois minutes. Ajoutez alors les légumes choisis et coupés en dés. Faites-les revenir quelques minutes. Versez ensuite le mélange de riz et de légumineuses rincé et égoutté, puis 1 à 1,5 l d'eau tiède. Ajoutez enfin le curcuma et le poivre. Couvrez et laissez cuire à feu moyen 20 à 25 minutes. Le tout doit être très onctueux. Salez, ajoutez un filet de jus de citron. Mélangez et servez avec la coriandre hachée.

Conseil : si vous désirez obtenir un kichari plus liquide, ajoutez un peu plus d'eau, il sera encore plus digeste et sera donc parfait pour votre système digestif qui tourne au ralenti.

Si vous êtes seule

Les lunchs toasts

Rapides, protéinés et délicieux !

Amande et figues

Prenez du pain d'épeautre (de préférence bio), coupez-le en tranches et faites-le griller. Il est possible d'opter pour des tartines craquantes de sarrasin, d'avoine ou de quinoa, mais évitez le gluten, difficile à digérer.

Tartinez de beurre d'amande et de beurre de sésame. Parsemez de quelques tranches de figues fraîches si c'est la saison (septembre/octobre), de miel à la fleur d'oranger et de quelques feuilles de roquette. Savourez.

Conseil : l'amande est excellente pour votre santé. Deux cuillères à soupe contiennent 7 mg de fer. Digeste, elle apporte satiété et fournit en plus de bonnes graisses.

Version salée : 2 verres de haricots blancs ou rouges cuits que vous chaufferez au préalable. Versez dans un mixeur, il est possible d'ajouter quelques légumes déjà cuits : une pomme de terre, une carotte, un morceau de courge. Ajoutez de l'huile d'olive et des huiles riches en omégas 3-6-9, 2 cuillères à café de jus de citron, des herbes de Provence, du sel et de poivre. Mixez. Étalez et savourez.

Soupes et tartinades express

Les soupes de légumes ou les tartinades ont la même base, elles varient en fonction de la proportion de liquide ajoutée.

Le processus

C'est le même chaque fois : coupez les légumes puis les cuire à la vapeur (ceux cités ci-dessous ont tous l'avantage de ne pas avoir à être épluchés, ils sont donc plus rapides à préparer). Une fois qu'ils sont cuits, ajoutez l'ingrédient supplémentaire et mixez le tout avec sel, poivre, huiles, crème de riz, de soja, de coco ou crème fraîche (et de l'eau ou du lait de riz si vous voulez en faire une soupe).

Quelques propositions

- Choux-fleurs et fourme d'Ambert.
- Courgettes et chèvre frais ou fromage ail et fines herbes.
- Carottes au cumin.
- Potimarrons et crème de coco.

Quand vous serez seule, ce sera le moment d'activer les cartes :

- de la réserve de petits plats préparés en amont et congelés (vous vous bénirez d'avoir fait preuve d'anticipation) ;
- du *meal train* pour les repas où vous êtes seule à la maison ;
- du sachet de légumes surgelés bio, à servir avec un filet d'huile et une part de céréales.

Conclusion

Michel Odent disait que « changer le monde, c'est d'abord changer notre façon de naître ». Un monde meilleur commence par la manière dont sont accueillis et grandissent les futurs citoyens de demain.

Alors offrons à nos petits des conditions d'arrivée qui correspondent à nos aspirations. Rêvons d'une société qui soutiendrait de manière appropriée les jeunes mères pendant ces quarante premiers jours, un monde où la solidarité serait naturelle et spontanée, où les grandes périodes de la vie seraient célébrées.

Imaginons que la naissance de chaque petit humain se déroule dans des conditions toujours favorables. Et si nous offrions à toutes les mères la possibilité de rester dans une bulle chaleureuse ?

Dès aujourd'hui, osons partager cette phase de vie, transformer nos vécus en trésors pour soutenir les futures mères de demain. Si cette période est oubliée, c'est aussi parce que l'on n'en parle pas assez, qu'elle est l'objet d'indifférence et que son importance est sous-estimée.

Alors, quand l'occasion se présentera, soyons prêts à nous rendre disponibles et soutenants pour les femmes qui, autour de nous, entreront dans la communauté des mères. En respectant le Mois d'Or, nous faisons honneur à la vie qui vient.

Annexes

La difficulté maternelle : comment la repérer ?

Quelques repères

- **Baby blues** : état dépressif passager, qui débute généralement vers le 3e jour après l'accouchement et ne dépasse pas la 3e semaine (fréquence : 50 à 70 % des naissances).
- **Dépression du post-partum** : dépression particulière liée à la maternité, pas toujours évidente à reconnaître et à faire reconnaître. Elle s'installe peu de temps après l'accouchement et dure plusieurs mois. Sans traitement, elle peut se chroniciser et avoir des répercussions sur l'enfant et la relation à l'enfant (fréquence : 10 à 20 % des naissances).
- **Psychose puerpérale** : chaos émotionnel sévère qui survient brutalement dans les deux semaines qui suivent l'accouchement et qui s'accompagne d'un état délirant et d'une agitation extrême (fréquence : 1 à 2 cas sur 1 000 naissances).

Les caractéristiques de la dépression post-partum

- Plaintes somatiques récurrentes : mal de dos permanent, palpitations, bouffées de chaleur, tremblements, sensation d'oppression, d'étouffement, de vertige…

- Troubles du sommeil : impossibilité de s'endormir, se rendormir, cauchemars…
- Fatigue constante, irritabilité.
- Hyperactivité ou atonie.
- Détachement, lassitude inhabituelle.
- Difficultés de concentration, plus goût à rien, perte d'envie (alimentaire, affective, sexuelle…).
- Pleurs fréquents, colères incontrôlables, sans motif précis.
- Pertes de mémoire, oublis importants même dans les soins du bébé.
- Anxiété constante, crises d'angoisse, de panique…
- Culpabilisation omniprésente, ruminations…
- Souhaite partir, disparaître, se sent un poids pour tout le monde…
- Sentiment oppressant de temps arrêté, figé, d'avenir fermé…
- Ne se sent plus aimée et a le sentiment de ne plus être capable d'aimer.
- Pessimisme global, surtout envers le bébé.

Autour du bébé, la maman peut…

- ne ressentir aucune émotion ou paniquer devant l'intensité de ses sentiments ;
- être réticente à le prendre contre elle ou au contraire avoir des difficultés à s'en détacher corporellement ;
- avoir la peur permanente qu'il lui arrive quelque chose ;

- exprimer son désarroi envers son bébé par des gestes brutaux ou au contraire cacher ses pulsions par des démonstrations d'affection excessives en public ;
- ressentir comme une « rivalité d'existence » avec lui, l'un (elle-même) devant disparaître pour que l'autre puisse vivre ;
- avoir des pensées et des fantasmes obsessionnels, des phobies d'impulsion qu'elle ne peut chasser et qui l'anéantissent : peur de faire du mal à son bébé, peur d'être incestueuse… *(À différencier de l'envie de faire du mal à son enfant qui, elle, relève de l'urgence psychologique.)*

Les signes que peut présenter le bébé face à une difficulté maternelle

- Enfant « symptôme » ou « aux besoins intenses ».
- Troubles précoces du sommeil, avant même l'installation de son propre rythme de vie (sommeil / éveil).
- Maladies à répétition : bronchiolites, régurgitations, affections dermatologiques…
- Pleurs incessants, difficiles à apaiser, des spasmes du sanglot.
- Prise de poids insuffisante, courbe de croissance faible.
- Malaises vagaux très brefs dont la cause reste inconnue…
- Bébé comme absent, faisant peu de bruit, comme s'il régressait et avait enclenché une « marche arrière » dans sa naissance.
- Difficultés à se nourrir, à prendre le sein ou le biberon, une prise d'alimentation lente ou rapide comme s'il devait se remplir très vite pour se rassurer.

- Bébé trop sage, qui s'adapte au rythme et à l'humeur de sa maman, qui se protège dans le sommeil, qui se montre sérieux quand elle est sombre, et enjoué quand elle l'est.
- Bébé comme hostile au monde, qui s'oppose ou se raidit au contact de sa mère, semble manifester comme un comportement d'opposition ou de rejet.
- Bébé ne cherchant pas ou n'accrochant pas le regard de sa mère pendant le temps de l'allaitement ou au contraire comme « chevillé » au regard de celle-ci.
- Bébé sans tonus, comme « mou », en position fœtale dans le berceau comme s'il était toujours dans le ventre de sa mère, hypotonique.

Pour plus de détails pour repérer et accompagner la difficulté maternelle, rendez-vous sur notre site www.lemoisdor.com ou sur www.maman-blues.fr*.

Si vous vous êtes inquiète ou qu'en tant que conjoint ou proche vous êtes préoccupé par le vécu de votre femme ou de votre proche à la suite de son accouchement, n'hésitez pas à en parler ensemble et à évoquer vos difficultés à un professionnel qualifié ou une association. Le développement d'un réseau de personnes-soutien est encore plus important dans ces circonstances. Et la dépression post-partum doit souvent être prise en charge par la médecine pour être surmontée.

---

* Nous remercions l'association Maman Blues de nous avoir offert l'accès à sa documentation dont ce texte est extrait.

Planning type pour le Mois d'Or

	Repas	Aides tâches	Courses	Aide aînés
SEMAINE 1				
Lundi				
Mardi				
Mercredi				
Jeudi				
Vendredi				
Samedi				
Dimanche				

Les réseaux

Trouver un professionnel près de chez soi

Spécialistes de l'accompagnement post-natal

Sages-femmes - suivi global

- Association nationale des sages-femmes libérales (ANSFL) : https://ansfl.org/.
- Conseil national de l'ordre des sages-femmes : www.ordre-sages-femmes.fr. Vous y trouverez un annuaire des sages-femmes libérales.

Doulas

- Association des doulas de France : https://doulas.info/annuaire/
- Yoga-doula : www.yoga-doula.eu/annuaire-des-yoga-doulas

Consultant en lactation

- Association française des consultants en lactation (IBCLC) : http://consultants-lactation.org/annuaire-des-ibclc/

Réseaux de soutien postnatal

- Postnatal Support Network (en anglais) : https://postnatal-supportnetwork.com

Services à domicile subventionnés

- www.adnr.org (ménage, prépration des repas, accompagnement des enfants à lécole…)

Réseau interdisciplinaire de professionnels respectant les pratiques de maternage proximal

- Réseaux de parentage proximal : www.reseauparentage-proximal.com

Bien-être et période postnatale

- Annuaire des professionnels formés à l'approche De Gasquet Maternité : https://annuaire.degasquet.com/
- Kundalini yoga postnatal : www.yoga-doula.eu/yoga-postnatal/
- Praticiens *rebozo* (liste non exhaustive) : https://lerebozo.fr/contactez-moi/annuaire-des-praticiennes ; www.rebozoaufeminin.fr/
- Shiatsu maternité : www.wellmother.org/meet-the-team/suzanne-yates-3-2/

Parentalité - consultant et coach

- Consultant en parentalité créative : https://parentalitecreative.com/le-reseau-parentalite-creative/liste-des-consultants/

- Coach parental certifié par Isabelle Filliozat : www.filliozat-co.fr/coach-parental/

Services de livraison de repas à domicile

- À Paris : www.nourishparis.fr (adapté aux jeunes mères)

Associations et groupes de parents (rencontres locales gratuites)

- L'Arbre à bébé : www.larbreabebes.fr
- Peps café : https://pepsmagazine.com/nos-lecteurs-papotent/
- Réunion Leche League (soutien à l'allaitement) : www.lll-france.org/reunions/trouver-une-reunion
- Relais maman-blues (soutien à la difficulté maternelle) : www.maman-blues.fr/association/les-relais-maman-blues.html

Soutien téléphonique gratuit

Parentalité, épuisement

- Hot-line « SOS Parentalité » : 15 minutes pour relâcher la pression avec des consultants du réseau Parentalité créative. Numéro gratuit : 0974 763 963

Allaitement

- Association Leche League. Permanence téléphonique avec des animatrices bénévoles de votre région : www.lllfrance.org/reunions/trouver-une-reunion

- L'allaitement tout un art. Permanence téléphonique 24h/24 : 07 55 62 05 55 ; www.allaitement-toutunart.org/accueil/contact-24h-24h/

Ressources en ligne

Difficulté maternelle et dépression post-partum

- Association Maman blues : www.maman-blues.fr
  Groupe Facebook : association Maman blues
- Ressource sur l'allaitement (articles, études scientifiques, conseils) : Leche League (www.lllfrance.org)

Magazines

- *Grandir autrement.*
- *Peps, le magazine de la parentalité positive.*
- Les revues de la Leche League : *Allaiter aujourd'hui* ; *Les dossiers de l'allaitement*

Bibliographie

Lectures conseillées

Baldewyns Pierre, de Woot Catherine, *Un bébé, comment ça marche*, Latitude Junior, 2007.

Brabant Isabelle, *Vivre sa grossesse et son accouchement, une naissance heureuse*, Chronique sociale, 2013.

Dumonteil Kremer Catherine, *Élever son enfant autrement, ressources pour une parentalité positive*, La Plage, 2016.

Filliozat Isabelle, *Au cœur des émotions de l'enfant*, Marabout, 2013.

Gasquet (de) Bernadette, *Mon corps après bébé, tout se joue avant 6 semaines*, Marabout, 2018.

Gasquet (de) Bernadette, *Féminité, maternité, comment les femmes sont manipulées*, Albin Michel, 2019.

Gueguen Catherine, *Pour une enfance heureuse : repenser l'éducation à la lumière des dernières découvertes sur le cerveau*, Robert Laffont, 2014.

La Leche League, *L'art de l'allaitement maternel*, Pocket, 2012.

Liedloff Jean, *Le Concept du continuum*, Ambres, 1975.

Odent Michel, *Le bébé est un mammifère*, L'Instant Présent, 2014.

Pantley Elizabeth, *Un sommeil paisible et sans pleurs. Aider en douceur son bébé à dormir toute la nuit*, AdA, 2005.

Proulx Chantale, *Devenir mère, un voyage au centre de soi*, Éditions du CRAM, 2018.

Texier Martine, *Accouchement, naissance : un chemin initiatique*, Le Souffle d'Or, 2012.

Trelaün Maïtie, *J'accouche bientôt : que faire de la douleur ?*, Le Souffle d'Or, 2012.

Truchis (de) Chantal, *L'éveil de votre enfant, le tout-petit au quotidien*, Albin Michel, 2009.

Tsabary Shefali, *Parents, enfants : grandir ensemble*, Courrier du Livre, 2016.

Pour aller plus loin

Allard Madeleine, Desrochers Annie, *Bien vivre l'allaitement*, Mardaga, 2010.

Amstrong Karen, *Compassion, manifeste révolutionnaire pour un monde meilleur*, Belfond, 2013.

Baldassari Gaëlle, *Kiffe ton cycle !*, Larousse, 2019.

Bayot Ingrid, « Accompagner le quatrième trimestre de la grossesse », *Spirale*, n° 86, Érès, 2018.

Bayot Ingrid, *Le quatrième trimestre de la grossesse*, Érès, 2018.

Bouhier-Charles Nathanaëlle, *Blessing way, rituels d'aujourd'hui pour célébrer la grossesse et la naissance*, La Plage, 2013.

Challut Isabelle, *Rituels de femmes pour réenchanter la maternité*, Courrier du Livre, 2017.

Cortet Cécile, Guerrand-Frénais Céline, *Porter mon bébé, réussir le portage en écharpe*, La Martinière, 2017.

Dayan Jacques, « Le bébé des neurosciences est-il un bébé nouveau ? », *Spirale*, n° 76, Érès, 2015.

Dunstan Priscilla, *Il pleure, que dit-il ? Décoder enfin le langage caché des bébés*, Jean-Claude Lattès, 2016.

Eliade Mircea, *Mythes, rêves et mystères*, Gallimard, 2002.

Festy Danièle, *Se soigner avec les huiles essentielles pendant la grossesse*, Leduc. S., 2016.

Gasquet (de) Bernadette, *Trouver sa position d'accouchement*, Marabout, 2010.

Gasquet (de) Bernadette, *Mon cours de préparation à l'accouchement – La méthode de Gasquet pour accoucher de manière physiologique*, Marabout, 2019.

Geberowicz Bernard, Barroux Colette, *Baby-clash, le couple à l'épreuve de l'enfant*, Albin Michel, 2005.

Gueguen Catherine, « Faut-il laisser pleurer bébé ? De l'importance de prendre soin du cerveau du bébé », *Kaizen, Pour une enfance joyeuse*, hors-série n° 5, mai 2015.

Hoekzema Elseline et coll., « Pregnancy leads to long-lasting changes in humain brain structure », in *Nature neuroscience*, n° 20, 2017.

Hopgood Mei-Ling, *Comment les Eskimos gardent les bébés au chaud et autres aventures éducatives du monde entier*, Jean-Claude Lattès, 2013.

Lavillonnière Jacqueline, « Mes réflexions et questionnements sur la physiologie de la naissance », *Les Dossiers de l'obstétrique*, édition ELPEA, n° 325, mars 2004.

Leboyer Frédérick, *Pour une naissance sans violence*, Seuil, 1975.

Maillard Catherine, « Ordonner le monde, en quête de sacré », *Inexploré*, n° 41, décembre 2018.

Ménager Céline, « Dans la chambre de l'accouchée, quelques éclairages sur le déroulement d'une naissance au Moyen Âge », *Questes, Naissance, génération et création*, 2014.

Ober C., Sinatra S. et Zucker M., *Connectez-vous à la terre – Peut-être la découverte la plus importante sur la santé !*, Véga, 2013.

Razurel C., Desmet H. et Sellenet C., « Stress, soutien social et stratégies de coping : quelle influence sur le sentiment de compétence parentale des mères primipares », *Cairn*, 2011.

Robert E., David H., Reeves N. *et al.*, « Adaptation à la maternité : évolution discontinue de l'anxiété en pré- et en post-partum et valeur prédictive des différents types d'anxiété », *Devenir*, vol. 20, 2008.

Romito Patrizia, *La naissance du premier enfant. Étude psychosociale de l'expérience de la maternité et de la dépression post-partum*, Delachaux et Niestlé, 1990.

Miguel, *Les quatre accords toltèques*, Guy Trédaniel, 2018.

Thich Nhat Hanh, *Enseignements sur l'amour*, Albin Michel, 2008.

West Diana, Marasco Lisa, *Plus de lait*, L'instant présent, 2009.

Williamson Marianne, *Un retour à l'Amour : réflexions sur les principes énoncés dans un cours sur les miracles*, Guy Trédaniel, 1992.

Yates Suzanne, *Merveilleuse naissance*, Jouvence, 2016.

Ressources en ligne

Césarine, association d'information, de soutien et d'échange autour de la naissance par césarienne ; www.cesarine.org.

CIANE (14 décembre 2015) « Dossier déclenchement, l'importance cruciale du consentement », communiqué de presse ; https://ciane.net/.

Dunn Chloe, « Veggie Magnifique », blog Vegan et Glamour ; www.veggiemagnifique.com.

Doherty-Bigara Cécile, « Le Palais Savant », blog Yoga et Ayurvéda. www.lepalaissavant.fr.

Le Monde, Les Décodeurs, 31 janvier 2018, « Nombre d'accouchements, taux de césariennes ou d'épisiotomies : comparez les maternités près de chez vous » ; www.lemonde.fr.

Newman Jack, Les feuillets du Dr Jack Newman ; www.lllfrance.org/vous-informer/fonds-documentaire/feuillets-du-dr-newman.

Osho, 10 novembre 1978, *Union Mystica*, vol. 1, Talk #3 ; www.oshoworld.com.

Ouazzani Ibtissam, 4 octobre 2018, « Cette entrepreneure marocaine veut faire revivre le rituel post-partum des qablas », The huffpost Magreb ; www.thehuffpostmagreb.com.

Physiomat, boutique en ligne d'accessoires pour la maternité, le sport et le périnée. www.physiomat.com.

Raphaël (de) Ariane, réalisatrice, *Enchantement, conte documentaire sur l'accouchement et la maternité*, 2018 ; www.enchantement-lefilm.com.

Trelaün Maïtie, « Comment faire ma rééducation périnéale ? », « Le temps d'un thé », émission n° 47, blog Naissance 3.0 ; www.metamorphose-naissance.com.

Remerciements

Nos sincères remerciements à…

…Bernadette de Gasquet pour ses conseils avisés et Guru Jagat Kaur pour son partage d'expérience généreux.

…Anne Peigné pour ses douces illustrations et son engagement sans failles au service du Mois d'Or.

…Pascal Poulin, pour son implication et son travail pour le livre et les extensions du Mois d'Or en ligne (site web, bonus, etc.).

…Bozena Le Talludec, Lidwine Delaunay Bretécher, Caroline Burel, Virginie Derobe, Candice Levy, Delphine Grosso, Alexandra Baladda, Camille Laperle, Maïtie Trelaün, Martine Texier, Aline Mahé-Garcia et Cécile Forestier pour la richesse de leurs connaissances.

…Chloe Dunn et Cécile Doherty-Bigarra, courageuses pionnières du Mois d'Or.

…Sofia Stil-Rever, pour son inspiration et sa bienveillance.

…Isabelle, Nathalie, Guillaume, Christophe, Marion, Elfie, Théophile, Elsa et Mickael pour leur soutien et leur patience.

…Éric Chadelat.

Merci également à toutes celles et ceux qui ont livré un témoignage sur cette période des quarante jours.

Merci à l'équipe éditoriale pour sa confiance dans la réalisation de ce livre.

Les bonus en ligne du Mois d'Or

Pour aller plus loin et mettre en pratique facilement les conseils de cet ouvrage, nous vous offrons plusieurs bonus sous forme de podcasts et de vidéos, créés spécialement pour vous, en collaboration avec des experts de la périnatalité.

Des outils concrets pour prendre soin de vous et de votre bébé : un protocole EFT, des clés du shiatsu pour la maman et son bébé, les savoir-faire du *rebozo*, un cours de yoga, la pratique du bandage du bassin.

Des méditations et des visualisations pour vous accompagner dans le lâcher-prise, la confiance, la force intérieure, la pacification, la création de votre bulle.

Et encore bien d'autres surprises…

Pour y accéder, rendez-vous sur le site :

https://lemoisdor.com/bonuslivre

En accédant à ce lien vous recevrez également un accès privilégié au groupe Facebook privé du Mois d'Or. Vous pourrez ainsi échanger avec la communauté, poser vos questions et vous entraider.

Rejoignez-nous sur les réseaux sociaux :

Facebook
Le Mois d'Or

Instagram
@le_mois_dor

Site Internet
www.lemoisdor.com

Achevé d'imprimer en Espagne par Liberdúplex
pour le compte des Éditions Marabout (Hachette Livre)
58, rue Jean-Bleuzen, 92178 Vanves Cedex
Dépôt légal : février 2021
ISBN : 978-2-501-15971-5
2193235 – Ed. 01